供应链金融信用体系评价方法及应用

王 玥 著

北 京
冶 金 工 业 出 版 社
2020

内 容 提 要

本书详细介绍了完全契约信贷博弈模型、不完全契约博弈模型、竞争模式下信贷博弈模型、隶属度指标打分法、主观和客观赋权法、循环修正评价法等，并应用上述方法构建供应链金融共赢信贷体系，同时对区域（辽宁省）信用经济进行评价。

本书可作为经济、金融、财会、管理等专业研究生的参考书，也可供政府及事业单位、金融机构、有供应链金融需求的企业管理者阅读。

图书在版编目(CIP)数据

供应链金融信用体系评价方法及应用/王玥著.—北京：冶金工业出版社，2020.1

ISBN 978-7-5024-8382-1

Ⅰ.①供… Ⅱ.①王… Ⅲ.①供应链管理—金融管理—信贷管理—研究—中国 Ⅳ.①F259.22 ②F832.1

中国版本图书馆 CIP 数据核字(2019)第 300575 号

出 版 人 陈玉千
地　　址 北京市东城区嵩祝院北巷39号 邮编 100009 电话 (010)64027926
网　　址 www.cnmip.com.cn 电子信箱 yjcbs@cnmip.com.cn
责任编辑 曾 媛 张耀辉 美术编辑 郑小利 版式设计 孙跃红
责任校对 李 娜 责任印制 李玉山

ISBN 978-7-5024-8382-1
冶金工业出版社出版发行；各地新华书店经销；三河市双峰印刷装订有限公司印刷
2020年1月第1版，2020年1月第1次印刷
169mm×239mm；8.75印张；172千字；132页
59.00元

冶金工业出版社 投稿电话 (010)64027932 投稿信箱 tougao@cnmip.com.cn
冶金工业出版社营销中心 电话 (010)64044283 传真 (010)64027893
冶金工业出版社天猫旗舰店 yjgycbs.tmall.com

前　言

供应链金融围绕其核心企业，为其配套中小微型企业提供金融服务，提升供应链整体稳定性。一方面，有利于解决配套企业融资难的问题；另一方面，促进了金融与实业的有效互动，使银行或金融机构跳出单个企业的局限，从中观层面为信贷风险防控创新思路。然而，个别企业破坏供应链信用关系、契约关系的现象依然存在，隐性违约风险敞口具有隐蔽性，风险转嫁给银行或信用关联方不易察觉，违约风险传导破坏性极大。因此，系统研究供应链非核心企业、核心企业、银行三方的目标和约束，构建有效地信用协调机制，增强抵御风险能力，实现共赢意义重大。

本书在已有理论方法的基础上，提出了一些决策与评价的新方法，并对已有信贷博弈模型进行推广，如完全契约信贷博弈模型。然后，应用上述方法构建供应链金融共赢信贷体系，对区域（辽宁省）信用经济进行评价，并结合区域具体情况开展实证与案例分析。其中，多层次的信用综合评价指标体系设计和因素甄别旨在从内在机理和更宽广的维度审视信用，弥补现有研究缺乏量化分析的缺陷，希望本书的应用研究使信用经济成为推动经济强劲增长“发动机”。本书可作为经济、金融、财会、管理等专业研究生的参考书，也可作为政府及事业单位、金融机构、有供应链金融需求的企业管理者的参考书。

本书是在“助推沈阳市制造业振兴的供应链金融创新体系研究”

的基础上结合作者相关研究成果编写而成，并得到了沈阳市哲学社会科学专项资金资助（项目号：18024）。

由于著者水平所限，书中不足之处，敬请广大读者批评指正。

著　者

2019年9月

目　录

1 绪　　论

1.1 研究背景和意义

1.1.1 研究背景

20 世纪 80 年代以来，世界范围内 20 余次金融危机、司空见惯的企业破产、正在危害美国等国家经济的“次贷”危机及正在困扰欧洲多国的主权债务危机等事实正刻骨铭心地警示出：不健全的信用体系对经济社会可持续发展所造成的沉重挫伤，经济增长与信用体系的“交互依存”状态所蕴含的复杂演化关系频繁超乎人们的想象。

作为正在崛起的大国，中国与其他国家在经济上已融成不可分割的一体，信用体系对其发展的正负面作用也随之日益凸显。与之极不协调的是，我国信用市场极不规范：市场信用严重缺失，假冒伪劣商品、虚假合同和广告、虚假信息披露、逃废债务等失信行为时有发生；企业贷款违约、互欠货款、三角债和多角债的情况较严重；逾期应收账款居高不下；多省市政府偿债率达到或超过警戒线等。另外，我国信用市场的巨大发展潜力又使其成为一座急待深挖的“富矿”，如，在我国煤、电力、冶金、铁路和化工等五大行业中广泛使用的商业票据结算量仅约为企业存款余额的 10 多倍，远远低于美国 20 世纪 80 年代中期的 3300 倍的水平。毋庸讳言：与和谐发展相协调的“恪守信用、平等互利、相互支持、共同繁荣”的信用理念和体系远未建立健全，致使可促进和谐发展的信用支持体系构建机理研究，信用支持平台的亟待建立，成为关乎我国经济发展稳健与否的决策依据之一。

辽宁省作为连接东北地区（辽宁、吉林、黑龙江、内蒙古东部五省区）与环渤海经济区的重要桥梁，地处东北亚地区的中心部位，在金融创新中具有举足轻重的战略地位。《东北地区振兴规划》的出台彰显出国务院振兴东北的决心，然而，面对制造业的亟待振兴和我省信贷融资产品不健全的矛盾，如何通过“加强信用体系建设，营造良好的金融环境”“扩大中小企业贷款试点”“建立健全守信激励机制和失信惩戒机制”等政策视角助推辽宁省制造业发展和经济腾飞，关注制造业供应链连接点，以供应链融资业务盘活整个产业链的持续运行，加强区域联动效应，力求达到自律稳定与合作状态意义重大。

通过调研发现东北地区属于我国国有企业不良资产比例高和银行不良贷款比例高的“双高”地区。一是国有企业不良资产比例高。据国资委规划局研究，辽宁国有企业的不良债务达2921亿元，其中欠银行1891亿元，欠政府900亿元，欠职工130亿元；整个东北地区不良资产总额达525.3亿元。近几年，企业借产权制度改革之机，逃废或悬空银行债务问题突出。十年前，东三省的某省企业逃废银行债务涉及贷款企业曾近3000户，其中很多企业借破产、兼并、承包、租赁等改制带来逃废债务。由此可见，债务拖欠不仅存在于企业与银行之间、企业与政府之间，更广泛地存在于企业与企业之间，造成诸多的“三角债”“多角债”，在一定程度上，信用市场的不完善已经成为阻碍辽宁，乃至整个东北地区区域经济发展的瓶颈。

如上形势所迫，沈阳市政府率先垂范，前瞻性地加快推进信用沈阳的建设步伐。以沈阳市社会信用体系建设领导小组，沈阳市信用中心为主体的“信用沈阳”数据平台正在快速建设和推进中，借助“信用沈阳”平台，越来越多的政府、企业和个人开始关注信用建设，初现沈阳的发展特色。沈阳市委办公厅、市政府办公厅联合印发了关于《沈阳市加快“信用沈阳”建设工作方案》的通知。通知进一步明确了沈阳市在未来“十二五”期间，加快建立完善社会信用体系，以政府信用为主导、企业信用为重点、个人信用为基础的“政务诚信、商务诚信、社会诚信”发展目标，并依托和谐信用提升沈阳市的竞争力，突出沈阳市信用支持特色，形成以信用支持为创新点的经济发展助推动力。

1.1.2 研究意义

供应链金融产品能让中小微型企业得到实惠，进而提升供应链整体质量和稳固程度，间接地使链条中的核心企业也获得业务和资金管理方面的支持，形成银行与供应链成员多方共赢局面。一方面，有利于解决配套企业融资难的问题；另一方面，促进了金融与实业的有效互动。使银行或金融机构跳出单个企业的局限，从中观层面促进实体经济的发展，从关注静态转向企业经营的动态跟踪，从根本上拓宽了银行或金融机构的视野，为信贷风险防控打开创新思维脉络。

对银行或金融机构而言，供应链信用要比链上单个企业信用更稳定。为单个企业提供的贷款价格与规模、利率水平和期限等因素有关，同时是随着生产阶段变动而变动的，并随着授信风险而调整的。例如，订单阶段，因不确定性较高，其利率较高，贷款成数相应较低，但随着生产流程的进行，授信风险随之降低，利率调降，贷款成数调升。因此，风险与收益相互配合，完全符合银行或金融机构的风险控管与照顾客户的融资需求。并且，由于供应链管理与金融的结合，产生许多跨行业的服务产品，相应地也就产生了对许多新金融工具的需求，如中国信用证、网上支付等，为银行或金融机构增加中间业务收入提供了非常大的商机。

对于核心企业来说，则可以借助银行的供应链金融为供应商提供增值服务，使资金流比较有规律，减少支付压力。同时也扩大了自身的生产和销售，而且可以压缩自身融资，增加资金管理效率。对于供应链的核心企业来说，融资所带来的收益成为核心企业的第一位收益，如 UPS 的供应链收益已经成为企业利润的头号功臣，核心企业可以通过供应链融资整合供应链上下游企业资源，获得销量、价格、付款方式、账期、股本升息等立体收益，从而叠加更多的金融资产，并使资产和资源向核心企业集中。

对于银行来讲，因为核心企业本来就已经对自己的供应链有很强的过滤效果，所以银行可以通过原有的优质客户开发新的优质客户群体。原先银行主要服务大客户的时期，大客户往往拥有过于集中的授信额度，对于银行而言，贷款风险加大，并且有过度竞争的危险，而中小企业却往往得不到贷款，国家的许多政策也无法落实。通过提供供应链融资，银行改变了过于依赖大客户的局面，从而培养出一批处于成长期的优质中小企业，有望会在未来带来更多回报。并且供应链管理与金融的结合，能促使新金融工具的需求产生，如中国信用证、网上支付等，使得银行的中间业务收入增长，当然也对银行提出了更高要求。

供应链信用支撑依赖核心企业，相对稳定，然而，一旦出现关联企业连续违约，信用坍塌后的多米诺骨牌效应，导致这种欺骗现象、不诚信现象渐渐地向整个供应链蔓延将呈现几何放大效应。因而，影响整个供应链违约，造成了诸如逃废银行抵押贷款、恶意透支信誉贷款、银行承兑汇票到期不能承兑等风险发生，致使银行和经济损失。

此外，银行在维信过程中壁垒重重、地方保护主义、本位主义从中作祟；法院诉讼、中介机构评估等收费较高；当银行向资信较差的企业追债时，不仅常常收不回债，还要垫支高额的诉讼费、评估费等，从而使银行维信的成本过高。某些方面，政府和企业以牺牲银行债权为代价，将企业改革的成本转嫁给银行。这样破坏银企之间固有的信用关系、契约关系，同时扭曲了银行信用。这些现象与国际上完善的信用体系的差距很大，而要想使供应链企业发展脚步逐步推进，通过立法手段、政策引导、制度建立等防范信用风险的同时，更需要从本质上建立健全符合金融发展信用环境，从区域经济发展中增强守信意识，传播信用文化，进而真正控制杜绝信用风险的发生。

如何兼顾多方利益，在平衡各方风险与收益的基础上，构筑区域及其供应链多方共赢供应链金融信用体系的共赢理念倍显重要。基于此，本书致力于构建包含多重风险因素在内，并兼顾多方利益与风险的共赢信贷模型，目的在于使各方的期望收益尽量最大化的同时，使整个区域及其供应链信贷系统的利益最大化。

另外，虽然建设地区或部门信用体系是从中观和局部上推动社会的信用体系建设进程，但绝不是追求个别区域优化，在地方或供应链信用体系建设过程中，以全局观念为视角避免出现信用分割或局部信用孤立现象，有利于社会信用体系对失信行为加以威慑和约束。以牺牲信用为代价，将个体发展驱动成本转嫁给银行或信用关联方，破坏供应链信用关系、契约关系，扭曲信用本质的现象必须杜绝。通过立法手段、政策引导、制度建立等防范区域及其典型供应链信用风险的同时，更需要从本质上建立符合信用发展实际状况的数理模型，真正从理性上控制信用风险。基于区域及其供应链上企业多方共赢的信用理念，本研究首先将构建区域信用经济评价指标体系，运用科学的方法和手段来评价和检测辽宁省信用经济系统的发展状态、发展水平和发展趋势具有重要意义。

本研究的主要目标是体现共赢信用理念，兼顾区域及其供应链局部与整体利益、风险与收益、公平与效率，着重考察在满足单个企业利益的同时，如何使区域及其供应链整体利益达到最大，即实现帕累托最优状态。作为信用活动的主体，使区域及其供应链各方合理、积极地良性互动，相互支持，共同合作，力求实现资金资源与其他资源组合的最优配置，通过其内部各机构自发自觉、有条不紊、井然有序和相互协调的信用依存关系，实现区域及其供应链整个系统的可持续发展，即在“恪守信用、平等互利、相互支持、共同发展”的共赢信用理念指导下，保证区域及其供应链系统内部各部分的利益或效用尽可能大的同时，使整个区域及其供应链信用体系的总体利益也尽可能最大化。以信用共赢视角为基础，构建能够反映辽宁省区域及其供应链信用支持体系发展水平的综合评价体系（评价体系包括评价指标体系和评价模型两部分），进而考察辽宁省制造业供应链金融体系发展对策。

（1）通过构建多周期、多情景下的信用违约风险博弈模型，梳理共赢信用机理。即兼顾多方利益，考虑多重风险因素：主观违约风险、客观违约风险、信息不对称因素、系统风险因素、信用规则制约风险、相关性风险、竞争因素、期限等因素，以企业、银行、非银行投资机构三方为信用关联方，构建共赢信用决策模型。在此基础上，给出共赢均衡解，并对相关风险因素进行敏感性分析。目的在于使各方的期望收益最大的同时，追求整个信用系统的利益最大化。

（2）通过对辽宁省的信用经济发展状况的综合评价找出辽宁省信用经济系统的发展变化趋势和发展中存在的问题，通过信用经济评价为政府制定信用辽宁的发展战略提供理论依据和决策支持。通过对信用发展时间序列数据的评价分析，得出信用系统的发展变化的趋势和整体运行状况，判断和测度信用系统的整体发展水平。在此基础上，通过信用评价对信用体系进行预警。针对信用辽宁的发展目标，根据信用体系发展变化趋势对短期内的系统运行做出预测，设定目标状态下各个指标的合理区间，当对信用经济运行中的评价中出现指标未能落入设定区间范围内，说明信用经济的目标偏离，此时可以根据已经建立的信用经济预警系统及时采取调控处理。进一步，通过对辽宁省的信用评价，能够判断和测定辽宁省信用综合发展水平、有利条件和不利条件，并诊断出相应的根源，为各级政府、职能部门、企业和公众了解信用经济提供科学的判断依据，为各级政府制定相关政策提供科学依据，从而实现评价的最终目的。

（3）通过对辽宁省信用风险指标体系的甄别与实证，梳理出适合于制造业的供应链金融产品分层定价体系。对供应链产品进行分层定价实证，进而通过案例研究，考察辽宁省制造业集聚效应的系统风险（宏观经济变化）、相关性风险、竞争风险、贷款期限等因素的综合作用下，制造业供应链管理体系的违约风险及其影响因素时变特征（渐变或突变）特性，进而如果能够依托供应链融资业务，系统考量供应链非核心企业、核心企业、银行三方的目标和约束，构建有效地信用协调机制，增强抵御风险能力，提出辽宁省制造业供应链共赢和政策支持对策。

1.2 研究内容和研究方法

1.2.1 研究内容

（1）以供应链金融信用风险因素管理为例，在多渠道融资模式下，兼顾供应链信用管理的公平与效率及收益与风险，以供应链相关各方共赢为目标，构建了使供应链参与各方共赢的博弈模型。

多渠道供应链融资模式下信用风险管理问题备受关注，以往的信用风险管理研究主要以银行为视角，企业仅具债务人身份，通常被动地执行银行的信用决策；本书扩展了这一视角，考虑供应链上核心企业、供应商、制造商、分销商、零售商，以及银行、非银行投资机构多方信用博弈关系。兼具核心企业和股东双重身份的投资机构，其决策行为会极大地影响企业和银行的信用决策：一方面对非核心企业的经营管理起到监督作用；另一方面其自身参与收益的分配，是信用系统不可或缺的重要部分。

（2）基于指标类型的指标打分，构建符合科学发展观的辽宁省信用经济评价指标体系，并基于循环修正思路的综合评价模型研究。

通过国内外文献研读、社会调查、专家访谈、问卷调查、理性分析等途径海选指标，保证海选的指标集符合科学发展观要求，并兼顾科学性、系统性、可操作性等原则筛选指标，建立具有可操作性的辽宁省信用综合评价指标体系。根据评价指标的含义，评价指标分为正向指标和负向指标两类。根据指标类型确定合适的指标打分方法，避免了指标类型对评价结果的影响。采用循环修正的思路，构建评价方法体系。一是采用多种方法进行综合评价。例如，用 AHP 法、标准离差法、熵权等方法对辽宁省的信用经济发展状况进行综合评价。二是一致性检验。利用肯德尔和谐系数，对上述方法得到评价结果进行一致性检验。三是评价结果的循环修正。利用平均值法、Boarda 法、Compeland 法等方法对通过一致性检验的评价结果进行修正，得到合理的评价结果，解决不同方法的评价结果相互矛盾的问题，提高评价的正确性和合理性。对辽宁省 2009～2013 年的信用综合发展水平进行实证。

（3）通过对辽宁省信用风险指标体系的甄别与实证，梳理出适合于制造业的供应链金融产品分层定价体系。

针对辽宁省制造业产业发展特点和信用体系构造，以制造业供应链生产流程为基准：在外部需求、内部供应、日常经营、制度政策、信息技术等几方面深入挖掘影响制造业供应链融资产品所面临的隐性违约的风险因素，结合资金流、物流和信息流变化对风险影响因素，竞争来源于两方面：一方面是外部其他企业的冲击，主要针对制造业供应链的非核心企业；另一方面是外部企业集群的竞争模式，主要针对制造业供应链的核心企业。以外部竞争者的基本情况为出发点，考察规模、竞争力等因素，进而挖掘出隐性违约风险因素，构建出制造业供应链融资产品隐性违约风险综合指标评价体系。根据上述理论研究结果，设计相应的风险情景，然后将各风险因子间的相关性作为重点考察对象，建立隐性违约率和违约损失定量计算模型。针对制造业供应链上不同企业类型的风险权重，考察供应链整体的隐性违约风险暴露是该研究内容的关键技术攻坚之一。

1.2.2 研究方法

（1）均衡博弈论方法。在一定约束条件下，通过 Nash 均衡分析，构建和谐共赢信用体系，寻找信用参与各方平等互利、相互协调的信用条件，以及信用系统不断发展的机制。

（2）指标打分和总体评价方法。通过隶属度法对正向、负向指标进行打分，以及主、客观赋权方法进行单一评价，然后通过循环修正思路对不同单一评价的评价结果进行修正，得到信用经济评价模型。

（3）信用发展水平的影响因素分析方法。应用指标权重大小确定影响信用经济发展的主要因素。对辽宁省 2009～2013 年的信用综合发展水平进行实证，并提出对策建议。

（4）案例研究方法。以应收账款融资案例为基础，考察 M 公司在应收账款保理融资过程中资金需求，及其供应链融资对困境的化解方式，进而，对辽宁省开展应收账款保理业务的问题展开思考，并提出对策建议。

1.2.3 技术路线

（1）通过均衡博弈论方法，构建信用参与各方信息完全对称情境下的共赢模型，并求出共赢均衡解。此共赢状态是信息对称条件下的和谐情景，挖掘影响供应链金融信用体系的相关因素。

（2）通过国内外文献的研读、专家访谈以及社会调查等方面海选指标。根据不同指标的特征选用不同的打分方法，利用循环修正思路进行信用经济评价。

（3）采用指标权重确定影响信用经济发展的主要因素，并对区域信用经济进行实证研究。

本课题研究的技术路线如图 1.1 所示。

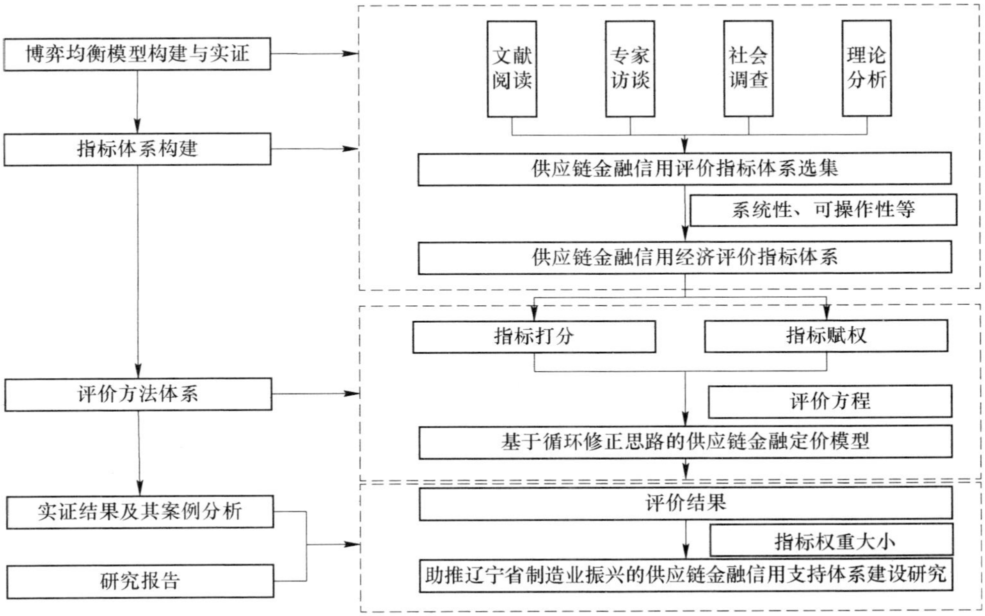

图 1.1　研究技术路线图

1.3 关键问题和主要特色

1.3.1 关键问题

（1）共赢的供应链金融信用体系模型。以银行、核心企业和非核心企业为例，通过梳理影响信用参与各方的收益与风险，构建多方共赢的博弈模型，并对结果进行实证研究。

（2）影响信用经济发展的主要因素的提取，并对指标进行合理打分——根据指标类型确定合适的打分方法，避免了指标类型对评价结果的影响。

（3）评价结果的循环修正——对通过一致性检验的多种评价结果进行循环修正，得到合理的评价结果。确定影响信用经济发展的主要因素，弥补现有研究判定评价结果的主要影响因素缺乏量化分析的缺陷。

1.3.2 主要特色

（1）在多渠道融资模式下，兼顾信用管理的公平与效率及收益与风险，以供应链金融信用参与相关各方共赢为目标，构建了使各方共赢的博弈模型，弥补了现有研究主要以单一贷款方的信用风险管理为决策依据的不足。

多渠道供应链融资模式下信贷风险管理问题备受关注，以往的信用风险管理研究主要以银行为视角，单一企业仅具债务人身份，没有话语权，通常被动地执行银行的信用决策；本书扩展了这一视角，考虑银行、企业、非银行投资机构三方在信贷博弈中的关系。兼具债务人和股东双重身份的投资机构，其决策行为会极大地影响企业和银行的信用决策：一方面对企业的经营管理起到监督作用，另一方面其自身参与收益的分配，是信用系统不可或缺的重要组成部分。

（2）通过隶属度打分法对评价指标进行打分，构建了打分方法体系，并利用多种综合评价结果进行循环修正确定了评价方法体系。多层次的信用综合评价指标体系设计和因素甄别旨在从内在机理和更宽广的维度审视信用，希望借此探索使信用成为强力推动经济增长的“发动机”。以促进经济增长为目标来引领信用市场的“脉搏”，意在营造信用市场有序递进的局面。

信用体系呈现的正负面“双刃剑”作用对经济发展的深远影响及其蕴含的复杂演化关系，向学术界提出了一个颇具挑战性的课题，信用体系现状及其影响因素的甄别以及经济发展与信用水平间关系的建立，仅仅是其“冰山的一角”。通过地方政府债务、中长期贷款占金融机构各项贷款比重、上访事件回复率、违纪案件与部门人数比率等补充政府信用，通过权益信用、道德风险等补充企业信用体系，通过个人获奖情况等补充个人信用体系作为正向增益因素，以此思路构建科学合理的辽宁省信用经济综合评价指标体系。根据指标类型确定相应的指标打分方法，避免了指标类型对评价结果的影响。对通过一致性检验的多种评价结果进行循环修正，得到合理的评价结果，解决不同方法的评价结果相互矛盾的问题，提高评价的正确性和合理性。在实证研究过程中，对辽宁省区域信用体系进行实证分析。

（3）依托供应链融资业务，系统考量供应链非核心企业、核心企业、银行三方的目标和约束，构建有效地信用协调机制，增强抵御风险能力，实现共赢意义重大。

辽宁省制造业集聚与政策支持力度凸显，针对辽宁省制造业供应链违约风险及其影响因素的时变特征（渐变或突变）的研究日益受到关注。特别是在系统风险（宏观经济变化）、相关性风险、竞争风险、贷款期限等因素的综合作用下，制造业供应链融资管理决策将如何应对的系统研究是学术热点和难点，目前的研究停留在对制造业供应链单一风险的随机过程进行刻画，而综合考量多个风险因素的共同作用更具意义。目前，对市场参与者间的信用互动变化下，共赢信用调节机制的研究以逐渐引起关注。然而对供应链体系演化规律及其正负面效应地系统性研究尚处于初步探索阶段；而有利于辽宁省区域发展特点的制造业供应链融资风险量化指标体系如果能有效理顺，将从数量分析研究方面发挥更重要的作用。辽宁省企业集群式竞争态势渐强，类似于生物种群竞争关系。竞争加剧资源的争夺，一方面，迫使核心企业与上下游企业间共生发展；另一方面，放大了信用违约暴露，供应链节点更为脆弱，为竞争格局变化带来突破口，这种认识亦渐受关注。

2 国内外供应链金融研究现状分析

2.1 供应链金融研究的理论基础

供应链金融的产生是基于现实需求，而发展和壮大又得益于其理论基础。供应链金融业务，首先为中小企业融资的理念和技术瓶颈提供了解决方案，中小企业信贷市场不再可望而不可即；它提供了一个切入和稳定高端客户的新渠道，供应链金融借助“团购”式的开发模式和风险控制手段的创新，使得供应链条上的中小企业、商业银行及第三方中介企业的收益-成本比得以改善，并表现出明显的规模经济。供应链融资产生的理论基础是基于信息不对称理论、供应链管理理论、交易成本理论及委托代理理论四大理论基石。

2.1.1 信息不对称理论

由于信号传递不通畅造成的信息不对称是供应链条上的中小企业“融资难”问题的根本原因和理论渊源。而供应链金融业务发展得益于其可以有效地减少商业银行和中小企业间的不对称信息，对缓解商业银行与中小企业间由于信息不对称所造成的信贷矛盾具有积极作用。这里指的非对称信息是信息在相互对应的经济个体之间呈不均匀、不对称的分布状态，即有些人对关于某些事情的信息比另外一些人掌握得多一些。通常将在博弈中拥有私人信息的一方成为信息占优代理人，而将在博弈中不拥有私人信息一方居劣方委托人。非对称信息理论正是研究这种处于信息不对称环境中的交易双方由于存在信息差别而达成的社会契约，即双方如何均衡的问题。

信息不对称情况下容易产生道德风险。按照西方经济哲学范畴，道德风险（或道德危机），即“从事经济活动的人在最大限度地增进自身效用的同时做出不利于他人的行动。”或者说是：当签约一方不完全承担风险后果时所采取的自身效用最大化的自私行为，在信贷活动中道德风险的危害很大。以往的研究中，对信息不对称下含有道德风险的银企信贷博弈模型研究较多。然而，在供应链多渠道融资模式下，银行、核心企业和非核心企业间的信息不对称情况更为复杂。非核心企业对自身的风险与经营收益均有清楚了解，一定程度上，虽然非主观情况下经营问题突发，却因客观败德行为侵占银行和核心企业利益，即体现出主观违约的倾向。此外，核心企业兼具股东或担保人身份，其风险和收益与其他信贷参与者不同，一方面需要防范企业的败德风险，另一方面也需要关注企业的经营收益。无论哪方面，其根源都来自各参与方之间的信息不对称。

2.1.2 信贷配给理论

信贷融资是中小微企业外部融资的主要来源，但是银行的信贷配给却给中小微企业的资金融通带来了严重的制约。信贷配给问题是非对称信息背景下融资理论热点课题，学术界关于信贷配给生成机制的理论解释有很多，其中以 Stiglitz 和 Weiss（1981）以信贷市场信息不对称为基础所建立的理论模型最具影响力，在文章《不完全信息市场中的信贷配给》对成熟市场经济条件下信贷配给的产生给出了经典的分析。他们指出，商业银行进行贷款行为时会考虑贷款利率及风险性，单是利率本身就可以基于信息不对称通过以下两个途径影响贷款的风险性：（1）寻找潜在借款者（逆向选择效应）；（2）影响借款者的行为（道德风险效应）。鉴于以上两个原因，银行预期利润的增长会慢于利率的上升；在超过某一点后，利润甚至会随着利率的上升而下降，而这一点就是银行利润最大化时所对应的利率。

由信息不对称产生的道德风险是造成商业银行信贷配给的又一根本原因，中小企业信贷市场上的道德风险通常有两种：（1）中小企业在有能力偿还贷款的情况下的恶意违约，中小企业通过比较偿还贷款和不偿还贷款情况下的收益和机会成本，若中小企业在不偿还贷款的收益大于违约成本，那么中小企业会策略性地选择不偿还贷款的行为，从而产生道德风险；（2）中小企业为获得高收益而进行的高风险投资所造成的道德风险，借款人在获得信贷后将资金投放于成功概率小，但一旦成功将获得巨大收益的投资项目，高风险投资一旦失败，则无力偿还银行贷款，形成了善意道德风险。显然，在金融市场上由于信息不对称，银行对于借款人偿还贷款的意愿和投资项目的类别缺乏完全信息，从而面临来自借款人道德行为方面的风险。由于恶意违约所造成的道德风险会侵害银行和核心企业的利益，如果因此而产生的不良贷款得不到有效控制，整个供应链都可能面临危机。在信息不对称前提下，对于单个银行来讲控制“不偿还选择”道德风险的技术选择之一就是信贷配给，即通过信贷配给对“不偿还”策略的收益产生限制。

2.1.3 交易成本理论

交易成本又称交易费用，以交易成本理论为代表新制度经济学从制度、产权、交易成本、信息等方面对经济现象做出合理化解释，提出制度层面的经济、金融改革建议。新制度经济学认为经济社会的制度设计直接决定了经济组织的交易成本，从而最终决定了经济效率。供应链金融作为一种融资模式创新，通过供应链条上相关企业之间的相互协调和优化设计，大大降低了交易成本，从而提高了整个供应链条的经济效率。传统的融资方式中，企业向银行申请贷款时手续烦琐，而且审批时间相当长，不仅加重了中小企业资金周转的负担，而且不利于其余物流的有效匹配，从而影响整个供应链的效益。在供应链金融简化了融资审批手续，优化了融资程序，在保证信贷过程安全的情况下，不仅缩短了企业到账的时间，加快了企业的资金流动，而且减少了参与双方的交易成本。

一方面，在供应链融资模式下链条成员之间的关系趋向于长期合作的关系，既不同于完全的市场关系，也不是一体化所形成的官僚结构，而是成员企业之间相互信任，彼此协调，以使整个供应链的绩效最大化。商业银行为供应链节点上的中小企业提供融资服务，有效地降低了商业银行的交易成本，提高了交易效率，可以使银行达到规模经济效益。另一方面，供应链内的中小企业由于相互协作，慢慢建立了一种“共生”机制，为了实现共同利益的最大化，企业间相互协调，提高了供应链的整体竞争力。商业银行与供应链企业建立长期、稳定的交易关系，建立一种“双赢”机制，可以大大减弱交易的不确定性。供应链融资模式中，银行融入供应链的资金渠道、产权渠道等领域，并利用资金的闭环操作和自偿性对贷后款项进行监管，从而降低了监督费用。商业银行与渠道内企业合作，组成融资平台，这些中介企业利用自身在渠道内的专业优势辅助银行完成监管。在获取供应链中产品的存储、流转和销售等方面具有得天独厚的优越性，通过金融资源的整合缩短了信息采集的半径，提高了信息的深度和准确性，辅助银行开展仓单质押、融通仓和保兑仓等多项业务，减少了交易成本。

2.2　供应链金融产生和发展趋势

2.2.1　供应链的概念

供应链是由波特的价值链理论（Value Chain）发展而来。波特指出：任何一个组织均可看作是由一系列相关的基本行为组成，这些行为对应于从供应商到消费者的物流、信息流、资金流、知识流的流动。企业要在激烈和复杂的市场竞争环境中取得竞争优势，不仅要协调企业计划、采购、制造、销售的各个内部环节，而且还要与包括供应商、经销商等在内的上下流企业密切配合。现代供应链的定义可以归纳为：供应链是围绕核心企业，通过对信息流、物流、资金流的控制，从采购原材料开始，制成中间产品以及最终产品，最后由销售商网络把产品送到消费者手中的将供应商、制造商、分销商、零售商，直到最终用户联成一个整体的功能网链结构模式。它是一个涉及范围更广的企业网链结构模式，包含所有供应链中的节点企业，是从初始供应商向最终用户顺流而下的物流和供应信息流的传递过程，也是从最终用户到初始供应商的资金流和需求信息流逆流而上的交换过程，供应链的网链结构如图 2.1 所示。

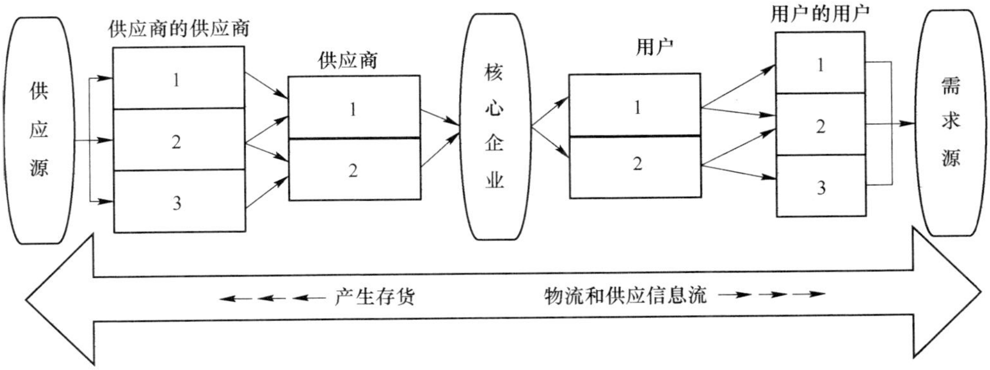

图 2.1 供应链的网链结构

从供应链的网链结构可以看出，供应链是一个不断发展的动态网络结构系统，由围绕核心企业的供应商、供应商的供应商和用户、用户的用户组成。每一个企业都是一个网络节点，上下级节点企业之间不是简单的供求关系，而是一种需求与供应的紧密合作关系。供应链将各个企业有机地结合在一起，使每个企业发挥自己的优势，共享资源和信息，共同创造财富。“供应链”存在于各行各业中，特别是制造业。虽然它们在结构和复杂性等方面差别各异，但基本内容是一致的。核心企业作为供应链中的关键节点，由于具有稳定的上下游企业，良好的运营环境，不仅生产经营得到改善，具有稳定的原材料来源和固定的客户，同时使自身在供应链中得到了价值和信用的提升。

2.2.2 供应链金融的产生和发展

2.2.2.1 供应链金融的雏形

供应链金融近几年才得到广泛推广，但供应链中的产品雏形已出现很久了。1916 年《美国仓库储藏法案》颁布标志着仓单质押开始规范化运作。在信息技术和物流技术的推动下，20 世纪 80 年代开始，随着供应链管理理论的逐渐形成，供应链金融业务越来越受到重视。它是为中小企业量身定做的一种新型融资模式。国外学术和著名商业银行的研究通常指的是财务供应链管理，国内在这一领域的研究，有供应链融资、金融物流和物流金融等相关概念。

供应链金融，是指银行将供应链上的相关企业作为一个整体对象，通过对供应链上企业间的信息流、物流、资金流的有效整合，运用各种金融产品向供应链中上下游中小企业提供融资服务。由于商业银行在中国投融资领域的独特优势，银行在我国供应链金融业务发展中起到主导作用。2006 年 6 月，深圳发展银行首次在国内提出供应链金融的概念，并随之推出多种多样的供应链金融产品，从而使国内该领域研究得以迅速发展。

关于供应链金融，不同的学者理解的角度不同。有从产业链角度出发，认为供应链金融是对一个产业供应链中的单个企业或上下游多个企业提供全面金融服务，以促进供应链核心企业及上下游配套企业“产—供—销”链条的稳固和流转畅顺，并通过金融资本与实业经济协作，构筑金融机构、企业和商品供应链互利共存、持续发展、良性互动的产业生态；从供应链金融的功能角度出发，认为供应链金融服务就是要将资金流整合到供应链管理中来，既为供应链各个环节的企业提供商业贸易资金服务，又为供应链弱势企业提供新型信贷融资服务的服务产品创新模式。根据深圳发展银行提出的供应链金融的概念，综合不同学者定义的共性，本书的供应链金融定义为：银行等金融机构根据特定产品供应链上的真实贸易背景和核心企业的信用水平，以企业贸易行为所产生的确定未来现金流为直接还款来源，配合金融机构的各种金融产品所进行的单笔或额度授信方式的融资业务。

简单地说，供应链金融就是银行等金融机构将核心企业和上下游企业联系在一起，提供灵活运用的金融产品和服务的一种融资模式，深圳发展银行将其描述为“1+N”模式。一个特定商品的供应链从原材料采购，到制成中间及最终产品，最后由销售网络把产品送到消费者手中，将供应商、制造商、分销商、零售商，直到最终用户连成一个整体。在这个供应链中，竞争力较强、规模较大的核心企业因其强势地位，成为其中的核心“1”，而上下游配套企业恰恰大多是中小企业便是“N”，它们往往难以从金融机构融资，资金十分紧张，这种资金链的不均衡很容易导致整条供应链也随之出现失衡。而在供应链融资模式下，金融机构将资金有效注入处于相对弱势的上下游配套中小企业，全方位地为链条上“N”企业提供融资服务，解决供应链失衡问题，实现整个供应链的不断增值。

由此可见，供应链金融表达了这样一种思想：即很多小企业（即“N”）是依赖一个大企业（即“1”）而生存的。企业的关系不是厂家间的简单堆积，而是一个生态群的整合。在提供贷款时，金融机构不应只是考虑供应链中某个企业的资信情况，而应把供应链中企业间的贸易关系综合起来考虑，提供的融资应渗透到这个交易链的每一个环节。供应链金融以为中小企业融资为目的，从供应链角度对中小企业开展综合授信，并将针对单个企业的风险管理转变为供应链的风险管理。它打破了原来银行孤立考察单个企业静态信用的思维模式，而是把与其相关的上下游企业作为整体，根据交易中形成的链条关系和行业特点设定有效的融资方案，既可以解决中小企业资金分配的不平衡，又可以提升整个供应链的群体竞争力。

2.2.2.2　供应链金融发展的本质动力

第一，供应链金融实际通过对有实力核心企业的责任捆绑，对产业链相关的资金流、物流的有效控制，针对链条上供应商、经销商及终端用户等不同企业的融资需求，银行提供的以货物销售回款自偿为风险控制基础的组合融资服务。通过提供链式融资，推动整个产业链商品交易的连续、有序进行。

在“供应链”融资模式下，处在供应链的企业一旦获得银行的支持，资金这一“脐血”注入配套企业，也就等于进入供应链，从而可以激活整个“链条”运转，使该供应链的市场竞争能力得以提升。借助银行信用支持，为核心企业配套中小企业赢得更多与大企业合作的商机。实际就是借助大企业良好商业信誉，强大的履约能力给中小企业融资。

第二，链式融资为组合关联授信，关键在于产业链内各企业主体执行合同的履约能力，围绕产业链原材料采购、加工、生产、销售的产业链条，全过程分析供应商、制造商、经销商、零售商、最终用户等不同主体融资需求，全方位融资融信，深入挖掘产业链的价值潜力，并有效控制银行信用风险。

第三，供应链金融业务要求银行必须对企业所在行业运营规律进行深入了解和透彻分析，把“以企业为中心”的营销理念贯穿于业务全过程，把营销工作做专、做深、做精、做细，与各企业主体（核心企业、供应商、经销商、保险公司、物流监管企业等）进行契约组合，提供量体裁衣式一揽子综合金融服务方案。

第四，在核心企业责任捆绑项下，从核心企业入手分析整个产业链，着眼于合理运用银行产品，将银行信用有效注入上下游配套企业，满足其融资需求，适度放大其经营能力，推动整个产业链商品交易的有序进行，以核心企业为依托，以核心企业真实履约为保障，控制产业链关联风险。以强势企业的强大商业运作能力控制整个产业链的融资风险。

第五，供应链金融并非单一的融资产品，而是各类产品的组合序列，银行根据产业链各节点的资金需求特性嵌入相应的融资融信产品组合，包括票据及其衍生产品、贷款融资及其关联产品、结算、托管、现金管理等非融资产品，形成产品集群效应。

第六，供应链金融重点关注贸易背景的真实性、交易的连续性、交易对手的履约能力、业务的封闭运作与贷款的自偿性。它将贷款风险控制前移至企业的生产、存储及其交易环节，以产业链整体或局部风险控制强化单一企业的风险个案防范。

供应链金融着眼于整个产业链对银行的价值，力图从整个产业链寻找对银行的价值回报，而绝非每个企业的个体回报，其紧盯企业所依托的经营现金流，将银行的融资嵌入到企业的经营现金流血液中。

2.2.2.3 供应链金融长期发展的关键因素

第一，银行自身发展的需要。随着金融系统的不断改革和外资银行的加速进入，中国银行面临日益市场化的金融市场和日益同质化的金融产品，维系自己的核心客户和开拓新的客户，都需要银行不断创新，尤其是金融产品的创新。而过度地开发和引入新的金融产品，将很难控制风险，因此开发风险较低的金融产品是银行的必然选择。供应链金融依托核心企业，来开拓其上下游的中小企业。更重要的是，供应链金融服务的是中小企业市场，将获取大量的中小企业存款、代收代付等多种中间业务。

第二，中小微企业发展的需要。随着中小微企业不断发展，对资金的需求也在不断增加。在现有担保体系不够完善且融资成本较高的情况下，中小微企业渴望金融机构能够开发一种产品，不需要太多的固定资产抵押，融资便捷且成本低，而供应链金融依托的是核心企业稳定的经营能力和良好的信誉，依托上下游合作伙伴的库存质押或应收账款质押，为合作伙伴提供融资，填补了金融产品的空白，有着良好的发展前景。

第三，辽宁省高端制造业全面振兴发展需要。制造业作为辽宁第一大支柱产业，是经济增长的动力之源，是实现老工业基地新一轮振兴发展的关键。当前，辽宁处于工业化的中后期，尽管存在着结构偏重、价值链中低端徘徊等现实问题，但工业依然是现阶段辽宁发展的重中之重。辽宁作为我国唯一拥有最完备工业体系的省份，其产业规模始终保持在全国上游水平。在新一轮振兴发展中，“一个中心、两个主线和三个支撑”，首先实现辽宁制造业的全面振兴。

一个中心明确指明：以工业为主的经济发展重心不变，加快转变发展方式，从注重速度转到注重质量，向价值链的高端延伸。鉴于生产性服务业从工业中剥离等统计口径发生变化，2014 年辽宁服务业的增速首次超过工业的增速。实际上，以研发、物流、金融、软件、信息服务等为代表的生产性服务业与实体经济是相伴相生的。目前，发达国家中，生产性服务业在工业中的比重达到 30%以上，而我国仅为 15%，生产性服务业的发展空间与发展潜力巨大，但前提是发展工业的重心不变。

两个主线再次强调装备制造业的重要性。一方面，是传统产业的转型升级。辽宁省工业的整体规模体量较大，但盈利能力较低，处于价值链的低端。2014 年，装备制造业的利润率为 5.7%，石化行业为 0.1%，冶金行业为 3.4%，属于典型的“出大力、流大汗、赚小钱”，造成大部分企业注意力只能关注于生存，而没有充足的资金投向研发，竞争力逐年下降。没有落后的产业，只有落后的技术与产品。对于传统产业，应加快实施工业化与信息化、智能化融合，主动拥抱互联网，使传统产业在技术、管理与商业模式上实现跃迁，提升产业核心竞争力。另一方面，新兴产业发展。新兴产业发展将决定未来 10 年、20 年辽宁工业的地位与方向。美国工业互联网、德国工业 4.0、新工业法国 2.0 以及中国制造 2025 均瞄准了新兴产业优先发展。辽宁拥有 39 个大类、191 个中类、525 个小类的工业体系，近百年的基础，经验与人才储备，具备了抢抓与世界各国比肩发展新兴产业的条件，应坚持有所为有所不为，错位发展，率先在具备产业比较优势的高端装备制造、新能源、新材料等领域实现突破。

三个支撑彰显辽宁制造业的未来潜力。（1）以创新为动力支撑。辽宁制造业大而不强，核心部件和核心技术受制于人。辽宁省的机器人产业居于全国领先水平，但产品中减速器、伺服电机全部需要进口，只能生产单臂三轴产品，还不能生产较高水平的单臂六轴产品。突破了乙烯三机、煤制烯烃空气压缩机、管线压缩机等单机技术，但仍不具备工程总承包能力。体现与保证数控机床水平的控制系统、伺服系统等仍落后于日本发那科、德国西门子。盾构机突破了土压平衡和泥水平衡等产品系列，但控制系统和关键部件大部分仍需进口，单机造价高，利润空间狭小。（2）以金融为助力支撑有待提高。实体经济与金融就像肌体和血液，两者相互依存。但现实中，由于工业门类众多、技术多样复杂、投资周期较长等信息不对称因素影响，金融业对工业的支持还不解渴。应加快建立多渠道的产融平台和开发面向实体经济的金融创新产品，降低融资成本，彻底克服实体经济“缺血”“贫血”等经常性障碍，实现共享共赢。(3）以简政放权为基础支撑。全面推进依法行政，加快转变政府职能，创新政府管理方式，以市场化手段引导企业进行结构调整和转型升级。进一步做好制度设计，强化部门协同和上下游联动，发挥政策的正面激励与负面约束双重作用，落实企业投资和决策主体地位，激发微观主体的活力。

第四，我国伴随着品牌打造、技术创新、兼并和重组，越来越多的中国优秀企业在世界级供应链的分工中成为核心企业。以他们为核心的供应链的成长是中国企业不断发展壮大的必要前提，而有效的金融支持将促进和加速这些供应链的成长国已经形成一批具有核心竞争力的大型企业，他们都是市场化经济中的佼佼者，遵从市场运行规则，重视商务谈判和合作，严格按照商务合同约定的付款方式执行。对于上游供应商，可以给予基于应收账款质押的融资产品。

基于以上的判断，供应链金融具有良好的市场前景。但由于其属于新兴领域，在带给中小企业客户融资便捷的同时，有必要对银行存在的信用风险进行度量与研究。

2.2.3 供应链金融的主要业务模式

2.2.3.1 供应链金融业务流程和参与者

典型的供应链是由供应商、生产商、分销商和最终客户组成的。在大部分制造领域，供应链的核心企业一般是生产关键部件或者完成最终产品的企业，处于供应商和经销商之间，属于生产商；而在另外一些行业集中度不是很高的制造领域，供应链的核心企业也可能是分销商，如大型超市等。虽然核心企业类型不同，但是从融资需求的角度考虑，则都可以分为核心企业上游和下游两类融资。整个供应链的融资需求如图 2.2 所示。

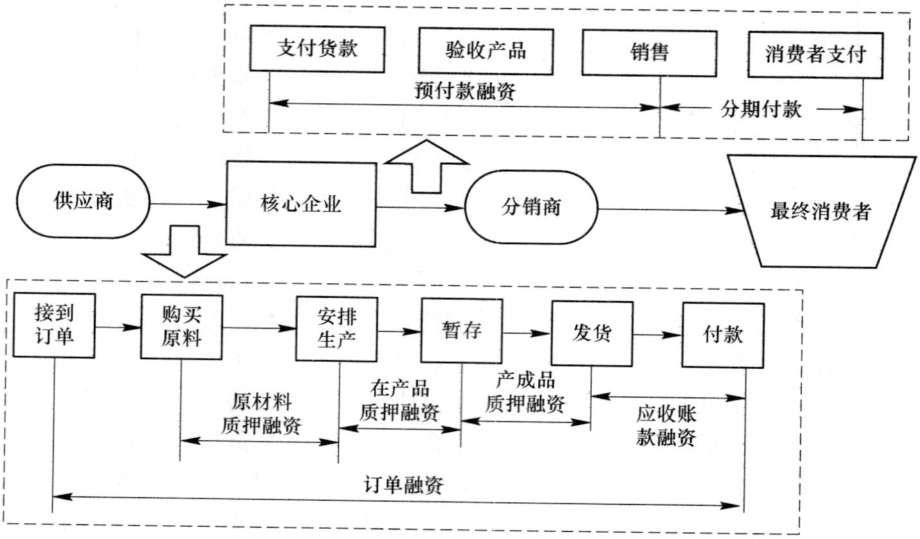

图 2.2　供应链融资业务框架图

供应链融资体系由三个关键部分组成：机构参与者、供应链管理特性和金融功能（详见图 2.3）。其中，机构参与者包括从供应商到生产者再到终端客户的工商业企业，以及银行、投资机构等。供应链管理环节主要涉及与采购、生产、销售等物流职能相交叉的部门，他们与合作方通过金融功能，即投资、财务、会计等环节相连接，其中追踪资金流，获取与应用金融资源是关键。因此，形成了集合供应链内部资金和外部融资资源相连接的核心企业、非核心企业、银行、投资机构等多方权责关系复杂的金融体系。一方面，供应链中的宏观机构参与者在经济与法律意义上相互独立，而供应商与客户关系在一定程度上先于产品及服务达到最终消费终端。另一方面，在供应链融资背景下，供应链的参与者被扩展到金融机构，即特定的金融服务商：银行或投资机构。狭义上，金融服务提供者致力于投资与信贷回报。广义上，金融服务商同时为企业结算合同机构，而非融资契约方，进而其外延涵盖银行、保险公司、证券公司等金融服务提供商。投资者可分为公共和自由投资两大类：公共机构提供项目用以支持提升资产净值；私人投资者在于利润和分红。微观方面，供应链上运营及财务处理过程中所涉及的微观机构同时会出现在不同融资系统中。所有财务活动的相关部门均被联结起来，供应链融资过程中通过整合创造价值的流程优化资金、物料和信息流。因此，融资管理涉及整个供应链系统的各方职能，需要进行资源整合，协调参与者之间的联合活动，进而实现整个链的运行。下面围绕供应链上游供应商和下游企业，以及参与应收账款融资的金融机构，设计和分析应收账款融资模式的结构。

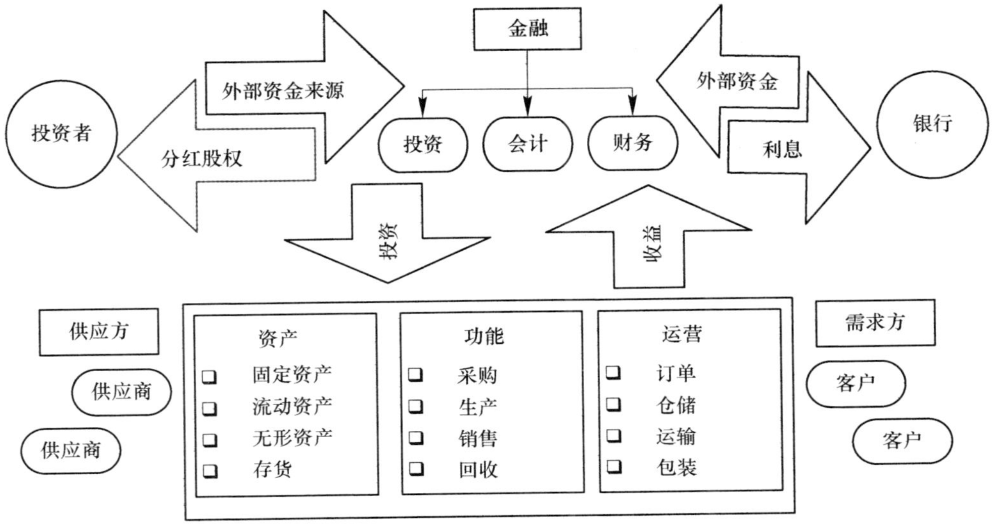

图 2.3 供应链金融参与各方业务框架图

2.2.3.2 核心企业上游供应商的融资需求及相应产品

在与核心企业合作的过程中，供应商企业内部的流程主要包括接受订单、购买原材料、组织生产、产成品库存、发货、回款等六个阶段。从接收订单阶段开始，供应商就开始投入资金，直到最后一个阶段，才将货款收回，之间的每一个阶段都面临着资金需求。因此，该类企业生产过程中资金缺口的时间跨度大，需求量也较大。

对于这类资金缺口，企业会利用积累的利润来填补。同时，作为制造业企业，这类供应商一般都拥有厂房、机器设备等可抵押的不动产，可以通过传统的抵押贷款来解决资金需求问题。但是，随着资金雄厚的核心企业不断投资扩大生产规模，这些供应商的订单也在不断增加。为了满足这些订单，供应商也面临着加大投入、增加生产线的需求。利用厂房等不动产作为抵押得到的资金满足了这一需求，但是房产抵押的额度毕竟有限，生产规模的扩大使得这些供应商维持生产的运营资金更加短缺，这就需要其他融资方式的介入。这些新的融资方式包括以下几种：

（1）应收账款融资。应收账款融资模式是指企业为取得运营资金，以卖方与买方签订真实贸易合同产生的应收账款为基础，为卖方提供的，并以合同项下的应收账款作为第一还款来源的融资业务。在供应链中，核心企业往往利用自身优势拥有话语权，争取更长的账期，以使自己可以更好地占用上游的流动资金。

这就形成了供应商的应收账款，并且在其资产负债表中占了相对较高的比重。应收账款融资就是为这些供应商未到期的应收账款办理的融资业务。

这种模式主要针对企业产品销售阶段，处于供应链上游与中游的债权企业融资。应收账款融资流程如图 2.4 所示。供应商将货物卖给客户，若客户不直接支付现金，则产生应收账款，直到某期限后才能收回现金。可是，供应商需要支付生产加工所花费的劳动成本和到期应付账款，以及存货融资质押贷款到期的本息，或者支付提前进入下一个生产运营周期所需资金。因此，供应商必须寻求基于应收账款的融资方式，解决这一现金流缺口。债权企业、债务企业（下游企业）和银行都要参与其中，且债务企业为核心企业，具有较好的信用水平，在整个运作中起着反担保的作用，一旦融资企业出现问题，债务企业将承担弥补银行损失的责任，这样银行进一步有效地转移和降低了其所承担的风险。

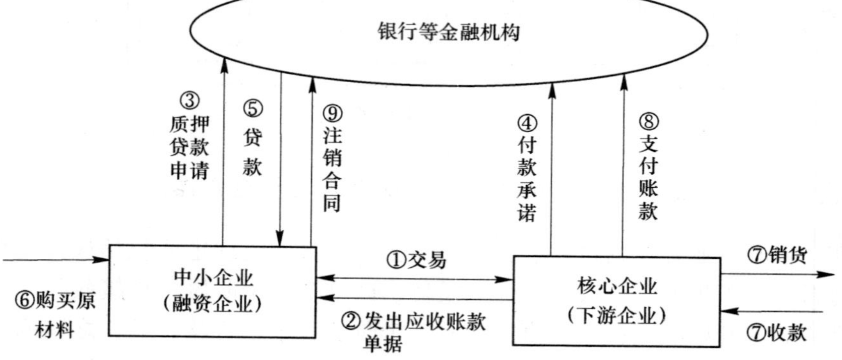

图 2.4　应收账款融资流程图

具体操作流程：

1）融资企业与下游企业进行货物交易；

2）融资企业收到下游企业应收账款单据，下游企业成为债务企业；

3）融资企业将应收账款单据质押给商业银行；

4）债务企业向银行出具应收账款单据证明，以及付款承诺书；

5）银行贷款给融资企业；

6）融资后购买原材料和其他生产要素；

7）债务企业销售产品，收到货款；

8）债务企业将应付账款金额支付到融资企业在银行制定的账号；

9）应收账款质押合同注销。

应收账款融资利用应收账款易变现、易保管的特点，且融资机构享有追索权，从而作为质押品更容易被双方接受，使得融资企业可以及时获得商业银行提供的短期信用贷款，以弥补资金上的临时性短缺，保证生产的持续运作以及整个供应链的畅通。

应收账款融资模式下的信用风险管理尤为重要。应收账款融资模式一般是为处于供应链上游的债权企业融资，使得企业可以及时获得商业银行提供的短期信用贷款。应收账款融资模式通过其结构的设置、合约的安排、各个参与方以及银行对信用风险的防范，大大地转移和分散了部分信用风险，从而使得以前银行被动地承担风险的局面得以改善，还可以增加银行收益。具体而言，在以下几方面对风险进行防控：

第一，多方参与，共担风险。一方面，应收账款融资模式除了债权企业和金融机构参与外，债务企业也要参与其中，且在整个运作中起着反担保的作用，一旦融资企业出现问题，债务企业将承担弥补银行损失的责任，这样银行进一步有效的转移和降低了其所承担的风险；另一方面，以供应链为背景，核心企业起着隐性担保的作用，并且若融资企业违约，可能响到整个供应链的资金供给状况和生产持续性，从而也促使融资企业履约，降低银行的风险。

第二，签订合约，限定风险。在应收账款融资模式中，融资企业要与下游企业签订债权债务合同，融资企业与银行签订质押合同，债务企业向银行签订付款承诺书，融资企业与银行签订融资合同等。正是通过这一系列合约的签订以及实行，才得以有效的实施，从而实现融资的目的。这些合约有效地限定了信用风险的承担者转嫁了银行的部分风险。

第三，实施条件，降低风险。应收账款融资模式的实施具有一定的条件限制，如融资企业一般为生产型企业。应收账款项目下的产品已发出并由下游购买方企业验收合格，应收账款的到期日早于借款合同规定的还款日。债务企业资金实力雄厚，无不良信用记录，且确认应收账款的具体金额并向银行出具应收账款单据证明，以及付款承诺书，承诺向融资企业在贷款已拿回开立的指定账户付款；商业银行分别对融资企业和债务企业进行风险评估和监控，一旦融资企业违约，拥有对债务企业的追索权及对应收账款的优先受偿权。这些条件的限制，也在很大程度上降低了银行的信用风险，使得供应链金融得以实施。

综上所述，应收账款融资模式在很大程度上降低并且分散了商业银行所承担的信用风险，大大提高了银行信贷的积极性，从而有效地改善企业的融资困境。但是，由于信用风险客观存在，以及供应链融资的复杂和多变性，使得银行不可能分散所有的信用风险，仍然有一部分需要自己承担，进行管理。

（2）产成品质押融资。核心企业为了降低库存对于流动资金的占用，积极开展 VMI（供应商管理库存），要求供应商负责核心企业的库存策略和配送策略，而实际上，VMI 使得供应商需要储备更多的产成品来应对核心企业需求的波动。另外，作为中小企业，这些供应商的库存管理水平比较低，这些都使得其产成品存货水平居高不下，占用了大量的资金。银行选择变现能力强、价格容易确定、便于储存监管的产成品作为抵押物，为这些供应商提供融资，可以降低产成品库存对于资金的占用。

在物流服务业中，具体包含下面两种形式：

（1）融通仓融资。融通仓融资是指授信人以其存货为质押，并以该存货及其产生的收入作为第一还款来源的融资业务。“融”指金融，“通”指物资的流通，“仓”指物流的仓储。融通仓是融、通、仓三者的集成、统一管理和综合协调。所以融通仓是把物流、信息流和资金流进行综合管理的一种创新，其核心思想是在各种流的整合与互补互动关系中寻找机会和时机，其目的是为了提升顾客服务质量，提高经营效率，减少运营资本，拓广服务内容，减少风险，优化资源使用协调多方行为，提升供应链整体绩效，增加整个供应链竞争力。企业在申请融通仓进行融资时，需要将合法拥有的货物交付银行认定的仓储监管方，只转移货使用权不转移所有权。在发货以后，银行根据物品的具体情况按一定比例（如60%）为其融资，大大加速了资金的周转。当提货人向银行支付货款后，银行向第三方物流企业发出放货指示，将货使用权交给提货人。如果提货人不能在规定的期间内向银行偿还货款，银行可以在国际、国内市场上拍卖掌握在银行手中的货物或者要求发货人承担回购义务。

融通仓是物流、金融、中介和风险管理服务的集成。其中物流和金融是核心，金融靠物流对实物的监管来控制风险，而物流需要金融提供的资金来保障各个环节的最优配置。融通仓融资流程如图 2.5 所示。融通仓主要的参与方有融资企业、物流企业和商业银行，三方签订长期合作协议以及一系列的合同，来保持整个融资体系的顺利实施。同时，融通仓提供商为融通仓的各个环节提供一整套的风险管理解决方案，帮助融通仓参与者发现、防范、量化、控制和规避风险。因此，有效地分散了银行所承担的信用风险。

对从事高附加价值产品、与供应链的内部联系相当密切、发货频率很高的产业而言（例如电脑、手机、电器），融通仓融资模式带来的收益特别可观。即使那些价值不很高但是规模相当大的重化工而言，由于其发货数量大，总体的货值也很大，融通仓对其融资作用也凸显。所以融通仓融资服务不仅可以为企业提供高水平的物流服务，又可以为企业解决融资问题，解决企业运营中现金流的资金缺口。该模式的具体操作流程如下（如图 2.5 所示）：

1）银行、融资企业和仓储监管方签订《仓储监管协议》；

2）融资企业将质押物存放到银行指定的仓储监管方仓库；

3）银行根据核定的额度给融资企业发放贷款；

4）融资企业一次或分次偿还款项或补充同类质物；

5）银行向仓储监管方发出与归还贷款金额或补充质物相等价值的质物；

6）融资企业取得质物用于生产经营。

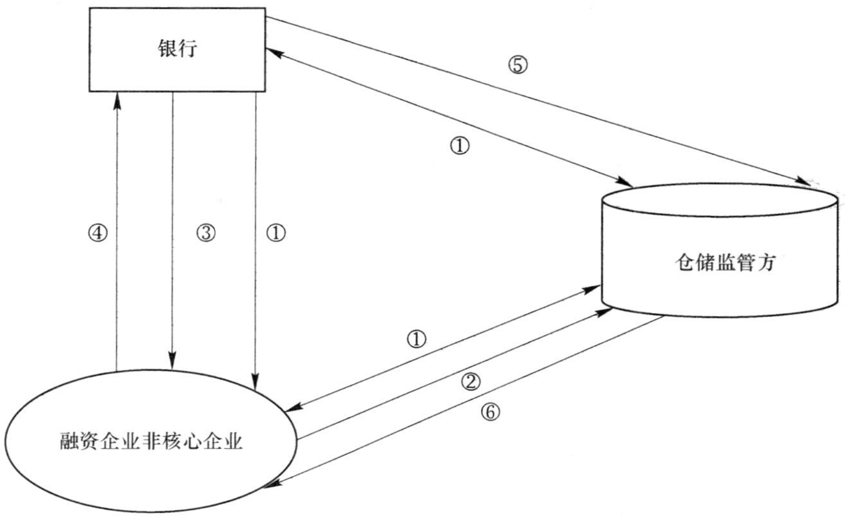

图 2.5 融通仓融资流程图

(2) 保兑仓融资。传统的“保兑仓”业务指以银行信用为载体，以银行承兑汇票为结算工具，由银行控制货权，卖方受托保管货物并对承兑汇票保证金以外金额部分由卖方以货物回购作为担保措施，买方开出银行承兑汇票，随缴保证金、随提货的一种特定票据业务。在这个业务中，货物由银行委托卖方监管或者银行人到卖方仓库监管，而银行不熟悉物流业务，增加了监管的难度和风险。

保兑仓融资是在仓储监管方参与下的保兑仓业务，融资企业、核心企业（卖方）、仓储监管方、银行四方签署“保兑仓”业务作协议书，仓储监管方提供信用担保，卖方提供回购担保，银行为融资企业开出银行承兑汇票。如果中小企业的上游供应商是强势企业，则中小企业往往需要向上游供应商预付账款，才能获得企业持续生产经营所需的原材料、产成品等。

从银行的角度分析，保兑仓业务是在供应商（卖方）承诺回购的前提下，融资企业（买方）向银行申请以卖方在银行指定仓库的既定仓单为质押的贷款额度，并由银行控制其提货权为条件的融资业务。该业务可以增加银行的客户资源，同时银行要求债务企业承诺回购，并以物权作担保，可以有效地降低银行信贷风险。

从融资企业角度分析，其通过保兑仓业务获得的是分批支付货款并分批提取货物的权利，并不必一次性支付全额货款，有效解决了其全额购货的资金困境，实现了融资企业的杠杆采购和供应商的批量销售。保兑仓业务除了需要处于供应链中的上游供应商、下游生产商（融资企业）和银行参与外，还需要仓储监管方参与（物流企业），为银行提供质押物价值评估、监管及拍卖等服务，降低金融机构贷款风险。

保兑仓业务除了处于供应链中的上游供应商、融资企业和银行参与外，还有仓储监管方参与，主要负责对质押物品的评估和监管；该业务需要上游企业承诺回购，提供连带责任保证，进而降低银行的信贷风险；融资企业必须随时补充保证金账户，按期兑付银行承兑汇票；另外，融资企业与其上游企业必须符合一定的条件，才可以实施保兑仓业务。正是这一系列条件的设定，大大地转移和分散了银行的信用风险，提高了银行信贷的积极性。总之，融通仓和保兑仓融资模式有效地分散和转移了银行的信用风险，从而改善了中小企业的融资困境。然而，信用风险客观存在，银行依然要承担一部分信用风险，所以必须加强管理，采用一定的方法，达到有效管理信用风险的目的。

企业在质押物监管及价值保全、资产变现、市场动态监控方面具备的良好优势使得它能够深度参与供应链金融业务，分担其中的"物控"和"货代"职能，而且其通过银行获得更多的物流业务，同时也可以提高自己的信用等级，加强与银行的合作关系，提高了物流的效率。保兑仓融资模式的基本业务流程如下（流程图如图 2.6 所示）：

1）买卖双方签订购销合同，共同向经办行申请办理保兑仓业务；

2）买方在银行获取既定仓单质押贷款额度，专门向该供应商购买货物；

3）银行审查卖方资信状况和回购能力，若审查通过，签订回购及质量保证协议；

4）银行与仓储监管方签订仓储监管协议；

5）卖方在收到银行同意对买方融资的通知后，向指定仓库发货，并取得仓单；

6）买方向银行缴纳承兑手续费和首次 30%承兑保证金；

7）卖方将仓单质押给银行后，银行开立以买方为出票人、以卖方为收款人的银行承兑汇票，并交予卖方；

8）买方缴存保证金，银行释放相应比例的商品提货权给买方，直至保证金账户余额等于汇票金额；

9）买方获得商品提货权，去仓库提取相应金额的货物；

10）循环第八到第九步，若汇票到期，保证金账户余额不足，卖方于到期日回购仓单项下剩余质押物。

针对目前质押贷款手续复杂、所需时间长的问题，一些银行和物流企业成功地运用了统一授信的方式。统一授信就是银行把贷款额度直接授权给物流公司，再由物流公司根据客户的需求和条件进行质押贷款。物流公司向银行按企业信用担保管理的有关规定和要求提供信用担保，并直接利用这些信贷额度向相关企业提供灵活的质押贷款业务，银行则基本上不参与质押贷款项目的具体运作。该模式有利于企业更加便捷地获得融资，减少原先质押贷款中一些烦琐的环节；也有

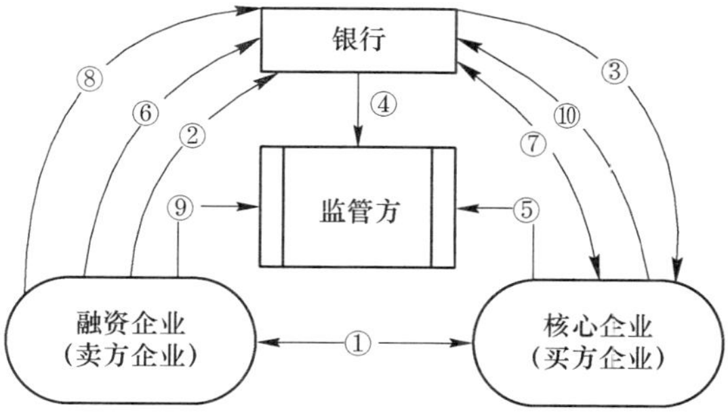

图 2.6 保兑仓融资模式图

利于银行提高对质押贷款全过程监控的能力，更加灵活地开展质押贷款服务，优化其质押贷款的业务流程和工作环节，降低贷款的风险。统一授信这种方式目前已逐渐被广大的金融机构所接受。

（3）原材料质押融资。供应商为了保证生产过程的流畅，会持有一定的原材料，有时这些原材料在产成品生产成本中所占比重很大，大量持有也会占用流动资金。此外，在对原材料未来价格进行合理预测的基础上，一些供应商还会在原材料价格上涨之前大量采购，以降低采购成本，同时大批量购买还可以获得更低的折扣。银行可以用这些通用性较强、变现能力较强的原材料作为抵押物为供应商提供融资。

（4）订单融资。上述融资方式虽然可以从一定程度上解决供应商的融资问题，但是他们所解决的都是阶段性的问题，而订单融资旨在解决供应商从接到订单到回收货款整个过程中的资金缺口问题。这种模式是建立在供应商与核心企业签订的采购合同的基础上，以这种合同作为一种信用担保，给供应商提供授信，供应商可利用这些资金购买原材料并组织生产。

2.2.3.3 核心企业下游分销商的融资需求及相应产品

核心企业的产品生产出来之后，需要通过分销商将产品卖给最终消费者。这些分销商首先预付一部分甚至全部货款订购核心企业的产品，核心企业发货给分销商，然后在分销商的仓库中暂存，直到被最终消费者买走，才得到汇款。那么从支付货款给核心企业到产品卖给最终消费者而收到货款这段时间内，分销商需要流动资金的支持。特别是有的核心企业为了补充流动性，不断向下游分销商压货，使得库存所占用的流动资金居高不下。

但是，这些分销商不向供应商那样拥有自己的厂房，甚至连仓库都是租用的，因此很少有固定资产可以用来抵押，通过银行进行融资。对于这些分销商的融资需求，银行在核心企业承诺回购的前提下，提供预付款的融资模式。

在预付款的融资模式下，需要核心企业、银行以及分销商三方签订协议，核心企业提供回购担保，并以其发送的货物作为质押物，银行给分销商提供授信支持，所以“厂商银”模式是预付款融资的一种重要模式。在汽车经销行业应用非常广泛，模式也日趋成熟。但是在某些情况下，核心企业不提供回购担保，此时也可以利用第三方物流企业对于货物属性的了解以及专业经验来为经销商提供担保，由银行对其提供授信融资。

对于价格较高的产品，如汽车，银行会为最终消费者提供分期付款的业务，可以以预付款融资进行很好的衔接，作为预付款融资还款的来源。

2.2.4　主要供应链金融业务的比较

应收账款融资，融通仓融资与保兑仓融资模式的共同点：

(1) 银行对融资项下的资产及其产生的收入有相当的控制权；

(2) 借款人可以没有其他实质性资产或业务，偿付债务的主要来源是融资项的资产，其次是企业的综合偿付能力；

(3) 融资项下的资产是第一还款来源；

(4) 银行结合借款人的资信水平，重点考察这笔融资业务自我清偿的特征以借款人组织该笔交易的能力，对该笔业务进行授信。

三种供应链融资模式的差异：应收账款融资、保兑仓融资和融通仓融资在具体运用和操作的过程中存在差别，分别适用于不同条件下的企业融资活动，具体见表2.1。

表2.1　三种供应链融资模式比较

项目	应收账款	保兑仓融资	融通仓融资
质押物	债权	欲购买货物	存货
第三方参与	无	仓储监管方	仓储监管方
风险控制	件事债务企业	跟踪监视货物价值（或盯市）	跟踪监视存货价值（或盯市）
融资企业在供应链中的位置	上游、供应商、债权企业	下游、制造商、分销商	供应链上任何企业

供应链中的企业在其运营过程中生产活动相互交织，应收账款融资、保兑仓融资和融通仓融资没有绝对的适用条件，企业可根据具体情况进行选择，有时也可以综合加以考虑和运用。目前，各银行纷纷推出供应链金融产品组合包，它将多项传统和新兴的贸易融资产品、特色服务以及外汇交易金融衍生产品加以融会贯通，根据贸易背景、市场情况以及企业需求等具体因素的变化，为处于供应链各结点的企业提供一系列的产品组合方案，为企业提供更为全面的金融服务，满足企业在加快资金周转、降低融资成本、防范各类风险及优化财务报表等方面的

个性化需求。

通过对供应链三种融资模式的比较总结供应链金融具有以下两个显著特征：

（1）供应链融资模式从新的视角评估中小企业的信用风险，打破了原来金融机构孤立考察单一企业静态信用的思维模式，将针对单个企业的风险管理转变为供应链的风险管理。金融机构对中小企业的信用评级不再单单强调企业规模、固定资产价值、财务指标和担保方式，转而关注企业的单笔贸易真实背景和供应链的核心企业的实力和信用水平。换言之，金融机构评估的是整个供应链的信用状况，从供应链的角度对中小企业开展综合授信。它打破了原来金融机构孤立考察单个企业静态信用的思维模式，把与其相关的上下游企业作为整体，更强调整条供应链的稳定性、贸易背景的真实性以及授信企业交易对手的资信和实力，从而有利于金融机构更好地发现中小企业的核心价值，真正评估信贷业务的真实风险，使更多的中小企业能够进入金融机构的服务范围。

（2）封闭性、自偿性和连续性。金融机构围绕贸易本身而进行操作程序设置和寻求还款保证，因而授信业务具有封闭性、自偿性和连续性特征。封闭性是指金融机构通过设置封闭性贷款操作流程来保证专款专用，借款人无法将资金挪作他用；自偿性是指还款来源就是贸易自身产生的现金流；连续性是指同类贸易行在上下游企业之间会持续发生，因此以此为基础的授信业务可以反复进行。

2.2.5 国内银行供应链金融业务简介

2.2.5.1 中国建设银行

中国建设银行推出的“供应链融资”产品系列是为了协助客户强化供应链管理、满足供应链各环节的资金需求，从供应商收到订单开始的订单融资到买入应收账款的国内保理业务，从基于物流的动产融资、仓单融资到与大企业合作的保兑仓融资，从国内信用证融资到基于保险公司信用的保单融资，这些创新产品及其组合、扩展，涵盖了企业整个供应链的各个环节和全部过程，用以解决不同企业不同环节的需求，是一种全过程的金融产品，为企业提供了全程的产品和服务，提高了企业资金的使用效益。

目前，中国建设银行推出了十大供应链金融产品，分别为：订单融资、动产融资、仓单融资、保理、应收账款融资、保单融资、法人账户透支、保兑仓融资、金银仓融资和电子商务融资。据了解，这一系列融资产品受很多中小企业的青睐，许多中小企业均可以在此找到自己需求的融资产品。

（1）订单融资。企业持购销合同和买方发出的真实有效的购货订单向中国建设银行申请融资，供应商解决前期资金短缺问题，可以提前得到资金，顺利完成订单合同。

（2）动产融资。企业在正常经营过程中，以其自有的中国建设银行认可的动产作质押，交由中国建设银行认可的仓储公司保管，向中国建设银行申请的授信业务。

（3）仓单融资。企业以持有的中国建设银行认可的专业仓储公司仓单进行质押，向中国建设银行申请的授信业务。

（4）保理。实质为应收账款买断业务，为卖方企业提供应收账款的综合解决方案，包括融资、账款管理及买方信用担保等。

（5）应收账款融资。企业以赊销产生的应收账款进行质押向中国建设银行申请融资。

（6）保单融资。企业以其持有的中国贸易信用保单向中国建设银行申请融资。

（7）法人账户透支。中国建设银行给予客户在约定的账户、约定的额度内进行透支，满足客户临时性融资的便利。

（8）保兑仓融资。供应链核心企业、经销商和中国建设银行三方合作，银行控制提货权，核心企业受托保管货物并承担回购责任，为经销商融资的产品。

（9）金银仓融资。基于核心企业信用，通过订单融资、仓单融资和法人账户透支及银行承兑汇票的产品组合为经销商提供的短期融资信贷业务。

（10）电子商务融资。中国建设银行专门为互联网交易的电子商务客户量身定做的“e 贷通”系列产品，包括“网络联贷联保”“大买家供应商融资”“网络速贷通”。

2.2.5.2　招商银行

招商银行基于技术平台的优势，从 2002 年起着力打造“电子供应链融资”概念。2002 年，其在其 U-BANK 3.0 中加入网上国内信用证功能，开始国内电子供应链融资的探索。此外，招商银行上海分行供应链金融建立了以“政采贷”“商采贷”“央采贷”为代表的三大标准化产品，以产品创新带动小企业业务发展。政采贷业务是面向巨大的政府采购市场，仅仅依托企业的政府采购业务，并不要求企业提供实际抵质押；商采贷是利用小企业为商场超市供货时普遍具有的 45~75 天的回款账期，成功设计出的以房产抵押构建基础额度，辅以流水增信的标准化产品；央采贷是针对央企供货商提供的融资产品，该产品通过明确的客户分级准入条件，对应设计了不同的担保方式，并辅以闭环的资金监管和严格的逻辑性检验，用以确保订单的真实、合同的履行和回款后的资金归还等众多环节。

2.2.5.3　中国银行

中国银行针对企业的需求，在供应链中寻找出核心企业，并以核心企业为出发点，为供应链环节中各方提供基于供应链流程的贸易融资服务。截至 2012 年，中国银行已推出包括融信达、融易达、订单融资、销易达、融货达、货利达、通易达、融通达等在内的一系列供应链金融产品。

（1）融信达。中国银行对卖方已向中国出口信用保险公司或经中国银行认可的其他信用保险机构投保信用保险的业务，凭相关单据、投保信用保险的有关凭证、赔款转让协议等为卖方提供的资金融通业务，是中国银行研发的“达”系列贸易融资特色产品之一。

（2）融货达。在贸易结算业务项下，凭中国银行可接受的货物作为质押为客户办理的贸易融资业务。业务品种限于进口开证/押汇、进口代收押汇、汇出汇款（限货到付款）项下和中国综合保理项下的融资业务，在条件成熟时可逐步扩展到其他类型。

（3）通易达。应客户要求，中国银行接受开证银行或其指定银行（包括保兑行）已承付的国际/中国信用证（L/C）项下，或已保付行保付的承兑交单托收（D/A）项下应收账款为质押，为客户办理各类贸易融资及保函（含备用信用证）授信业务（不包括进口保理、中国综合保理（买方）和融资类保函/备用信用证业务）。

2.2.5.4 深圳发展银行（现平安银行）

2003 年，深圳发展银行在国内率先提出“1+N”的供应链融资业务模式，所谓“1+N”是指：基于核心企业（1+N 中的“1”）与供应链上下游客户企业（1+N 中的“N”）的合作生产关系的特点，深圳发展银行将上下游企业之间的贸易融资业务扩展到整条供应链，形成“1+N”供应链贸易融资模式。这种融资模式从整条供应链的角度考虑，不仅仅解决单个企业的融资问题，还在一定程度上为该企业上下游客户提供融资支持，有利于整条供应链贸易业务的展开。

2001 年，深圳发展银行广州分行推出动产及货权质押授信。与传统以不动产为抵押标的不同，深圳发展银行该项业务以存货类动产设定动态的抵/质押，在保持存货流动性前提下，允许企业随时赎取部分抵/质押物用于销售。在当时而言，不动产（如土地、房产等）几乎是实践中唯一被银行等信贷机构认可的抵押物，而中小企业恰恰由于企业规模、资产规模的限制无力提供必要的抵押品，导致中小企业无法获得银行的有效资金支持。在提出货权质押后，深圳发展银行广州分行首先在汽车行业进行了尝试，效果非常理想，近 20 亿元的业务量，为深圳发展银行带来了可观收益。此后，深圳发展银行先后推出了大票开小票、小票开整票、背对背开票等一系列创新产品。2003 年，深圳发展银行在总结票据贴现业务的基础上，推出“深发票据 CPS”（以票据为载体的企业短期融资方案），并在行里进行了巡回演讲推介，虽然反响不大，但是总行对区域性分行的成功做法表示这是有信心推广的一个起点。随着票据贴现和货押业务越做越大，深圳发展银行适时提出了“自偿贸易融资”的概念，就是通过交易的回款来规范银行的贷款。2003 年，后来被广泛宣传的“1+N”模式也被提炼出来。

目前，该业务已发展 10 多年，并且与“互联网+”相结合。与平安银行合并后，公司将供应链金融创新发展为在线业务，手续简化很多，具体线上供应链融资业务包括：预付融资、现货线上融资、核心企业协同、增值信息服务、反向保理、电子仓单质押线上融资等。

（1）预付融资。线上供应链金融预付融资业务是指其与核心企业、监管方合作，通过银行线上融资平台、核心企业电子商务平台和监管方仓储监管平台等多方在线协同，为供应链下游企业提供的一项全流程在线预付款融资产品/服务。该产品为授信客户提供在线订货、在线融资、在线抵/质押、在线还款赎货等服务。相较传统服务，“线上供应链融资”由于实现银行与“1+N”供应链成员企业、物流企业的互联互通、信息共享、流程衔接，与核心企业供应链协同管理的目标高度契合，使得依托核心企业“1”向上下游企业“N”批量的、一体化的融资和支付结算服务更具管理的系统性、操控性和规模经济性，从而迎来供应链融资服务的更大发展；另外，“线上供应链融资”还可以为企业建立押品资源库，通过合格押品之间的自由转换实现单个企业在不同融资产品之间的自由转换，进而实现单个企业在不同生产经营阶段的全流程融资。

（2）现货线上融资。现货线上融资是指其与监管方合作，通过银行线上融资平台和监管方仓储监管平台在线协同，为客户提供在线质押、在线出账、在线赎货、在线还款等服务。只需开通授信额度，电子化操作减轻了授信客户、监管方及银行三方的手工作业压力，业务办理更简捷，客户融资不需要跑银行，不需要提供纸质资料，业务申请通过网银发起，合同在线签订，出账货权证明、贸易背景等资料扫描上传。出账可在半小时到 1 小时之间完成，赎货 5 分钟完成；客户、监管方、银行三方实现全流程线上化、标准化。通过线上供应链融资系统实现；风险要点系统自动监控、押品价值批量化自动化管理、出账资金系统自动划转、出账资料在各业务审查点自动流转、业务信息在各系统间实时共享等。此外，所有流程均在线进行，交易更安全透明，信息多方共享，有效降低业务运行风险。在没有其他抵质押物或担保的情况下，获得授信；盘活存货积压资金，融资杠杆效应扩大经营规模。供应链现货融资业务线上操作，服务更专业，持续根据客户需求，升级优化产品体系。

（3）电子仓单质押线上融资业务。其与现货类电子交易市场合作，通过银行线上融资平台、市场电子交易平台和仓单管理平台等多方平台的互连互接，为市场交易会员特别订制的一项全流程在线融资产品/服务。包括拟交收电子仓单质押线上融资、已有电子仓单质押线上融资两种业务模式，买方交易会员和卖方交易会员的线上融资需求得以全覆盖。买方交易会员，可以预先利用银行融资购得仓单；卖方交易会员，则可以以经市场注册的电子仓单在银行“贴现”，快速获得流动资金。

(4) 反向保理。反向保理是指在买家（核心企业）资信水平很高，愿意向其推荐供应商和提供应收账款信息，并承诺付款锁定的情况下，对以这些买家为付款人的应收账款或者订单，银行直接发放融资。反向保理线上化模式是指通过线上供应链融资系统，核心企业可通过多种形式提供供应商应收账款（发票）信息、供应商可在线完成应收账款转让及融资申请等操作、银行系统自动完成转让审核、融资在线发放及回款资金处理。该业务优点在于：核心企业推荐的供应商直接达到银行授信客户准入条件，对供应商仅作基本资质审查，降低准入门槛；根据买、卖双方之间的交易规模，分配确定卖方的保理融资额度；供应商单笔出账无须提供纸质发票、合同作为贸易背景资料，买方认定的应收账款即认为是可接受的。进而，达到额度审批快，时效性强；核心企业应付款（发票）信息在线直接导入，供应商单笔出账无需提供任何材料，只需在网银上勾选拟融资发票并提交申请，银行在线进行出账审核并完成放款，时间以分钟计；核心企业回款后，系统自动完成清分、核销、还款，快捷准确，使得供应商对于发票状态、出账流程、回款处理等情况可在线实时查询，全面掌控；核心企业可实时掌握供应商授信使用情况及融资发票信息，增强对供应商的了解；提供融资、应收账款等多项自动预警提醒，客户可提前进行资金的准备，有效避免逾期情况的发生。

(5) 增值信息服务。此外，原深圳发展银行线上供应链融资系统整合了供应链上下游各类信息，对业务数据进行数据挖掘处理。为核心企业提供了供应链管理的资金流、物流、商流信息查询，下游销售链的总账、经销商分账及经销商额度查询等综合金融信息的查询功能。为授信客户提供了授信额度、业务台账、融资明细、库存押品、商品销售等综合金融信息的查询功能。

(6) 核心企业协同。银行通过线上供应链融资系统实现与核心企业的数据协同，促进核心企业与供应链中合作者在线交互商流、资金流、物流、信息流信息，增强其风险防范能力，提升供应链管理效率及供应链整体竞争力。核心企业借助线上化数据协同的方式，不仅可实时获取上下游企业的融资数据；还可通过既有的监管方数据通道，掌握上下游企业的库存数据，从而预测市场变化趋势，有效防范供应链经营风险，为制定生产经营策略提供数据支撑。

2.2.5.5 华夏银行

华夏银行的代表供应链金融产品叫“融资共赢链”，是华夏银行总行于2008年7月11日在上海推出的自身供应链融资服务品牌。其操作是通过与横向的协作企业合作，以核心企业为切入点，运用不同的融资方式，以业务本身的自偿性特点为风险控制基础，围绕核心企业设计个性化的金融服务方案。“融资共赢链”的“N+1+N”模式把供应链上的相关企业作为一个整体对象，它不同于普通“1+N”仅仅针对核心企业的上游或者下游的模式，真正将供应链中的核心企业及其上下游企业贯通起来，依照企业上下游的供应链关系和横向的协作链关系，构成完整产业链条。通过与横向的协作企业合作，以核心企业为切入点，运用不同的融资方式，以业务本身的自偿性特点为风险控制基础，围绕核心企业设计个性化的金融服务方案。另外，华夏银行首次将国内与国际供应链融资业务进行整合，通过国际业务进一步扩大了服务区域，使国内外客户一体化，为客户提供的供应链金融延伸至海外。它包括7条融资链：未来货权融资链；货权质押融资链、货物质押融资链、应收账款融资链、海外代付融资链、全球保付融资链、国际票证融资链，帮助企业提高资产使用效率，充分满足供应链上不同类型企业各种金融需求。

（1）未来货权融资链。该业务是指华夏银行以控制购货商（借款人）向供货商购买的有关商品的提货权为手段，向购货商提供融资，用于支付供货商货款，由供货商根据约定按华夏银行指令进行发货的业务，包括保兑仓模式、仓储监管模式、未来货权开证模式。

（2）货权质押融资链。货权质押融资业务是指华夏银行根据客户的申请，以客户合法拥有的仓单、提单等货权凭证为质押物的融资授信业务。该项业务帮助客户解决因传统担保不足情况下的融资需求或因货物存储占用资金的问题，同时帮助客户盘活库存，加快资金的周转。

（3）货物质押融资链。货物质押业务是指企业以自己合法拥有的货物为质押的融资授信业务，主要包括核定货值质押模式和非核定货值质押模式等两种。

（4）应收账款融资链。应收账款融资业务是指企业将在国内外采用赊销方式进行商品交易所形成的应收账款债权转让或质押给华夏银行，华夏银行向其提供包括资金融通、应收账款管理、应收账款催收等综合性的金融服务，包括有追索权国内保理业务和有追索权国际保理业务。

（5）海外代付融资链。通过委托海外代理行代为支付款项，可以有效地利用国际货币市场的资金，帮助进出口企业进行融资，进而促进企业物流和资金流的顺畅流通，降低成本，提高效率，海外代付融资链主要包括进口代付和出口代付。

（6）全球保付融资链。全球保付融资链主要是指利用银行信用，为境内客户提供付款保证融资产品，主要包括保函/备用信用证、进口保付等。

（7）国际票证融资链。它是指以受让有关出口收益权为担保，为客户采购原材料提供融资便利，将出口业务与国内外采购、销售有机结合在一起。

华夏银行通过融资共赢链，为上下游企业注入了强劲的动力，提供了多种融资方式，融资比较灵活，手续简便，融资效率较高。融资共赢链帮助上下游企业突破了融资瓶颈，解决了融资问题，同时也帮助企业快速回笼了资金，提升了盈利水平，实现了快速增长。

2.2.5.6 上海浦东发展银行

2006年1月，上海浦东发展银行（简称浦发银行）发布了公司金融品牌“浦发创富”旗下的“企业供应链融资解决方案”，具体包括“在线账款管理方案”“采购商支持解决方案”“供应商支持解决方案”“区内企业贸易融资方案”“船舶出口服务方案”和“工程承包信用支持方案”等六大解决方案，从企业供应链经营和管理的角度出发，帮助企业密切上下游关系、延伸产业链价值、整合资金流、完善货物流和信息流。在此基础上，浦发银行相继推出了供应链服务方案系列中的“商业账款融资及服务方案”和“跨境人民币金融服务方案”，丰富了供应链融资的产品体系和服务功能。“供应链融资解决方案”，结合绿色信贷、离岸服务、现金管理和资金业务等其他金融产品，为企业重整产业链和供应链提供“一条龙”金融服务。方案为企业客户提供以下几方面的支持：

（1）信用服务支持。为企业提高信用度，增强认知度，扩大接受度。

（2）采购支付支持。为企业降低采购成本，提高采购效率，提升谈判地位。

（3）存货周转支持。为企业加快存货周转，加快资金回笼，扩大生产规模。

（4）赊款回收支持。为企业保障账款安全，降低账款管理成本，提高账款管理效率。

美国次贷危机之后，带来了原材料价格上涨、劳动力成本上升以及外需减弱等不利因素，中国进出口企业生存危机频现。为帮助企业渡过难关，浦发银行除了为客户提供贸易结算服务、融资产品外，为客户在特殊时期的特殊需求量身定制了金融产品，如下：

（1）无追索权、买断性质的“福费廷”业务。该业务为企业信用证项下的应收账款提供收汇保障。

（2）出口信用保险项下融资业务。该业务为提升企业抗击金融危机冲击的能力提供了更多的选择。

（3）国际保理服务。该项业务为大量采用赊销的出口企业提供了集商业信用调查、应收账款管理与催收、融资及坏账担保于一体的综合性金融服务。

（4）研发金融新产品。该项服务将贸易融资业务、贸易单证业务和各类资金业务产品组合运用，帮助外贸企业规避由人民币汇率波动带来的汇率风险，帮助进出口企业锁定交易成本，保障企业获得一定的利润。

2.2.5.7 中国光大银行

自2000年开办第一笔保理业务涉足供应链金融以来，中国光大银行（简称光大银行）先后推出了国内保理、国际保理、保兑仓、汽车全程通等基于供应链服务的金融业务。光大银行将该项服务正式命名为“阳光供应链”，并对供应链金融服务进行全面梳理整合，正式形成了应收账款融资、应付账款融资、阳光商品融资、1+N 链式融资、汽车全程通、工程机械按揭、银关系列等金融产品以及针对钢铁、电信、汽车等行业提出行业整体金融服务解决方案等品种丰富的供应链融资服务。作为中长期业务发展战略，光大银行明确将客户定位于中端市场，并从资源配置、管理体系、营销策略、绩效考核等方面对供应链金融予以倾斜。通过供应链融资营销模式，依托特定行业的核心客户向其上下游进行延伸，光大银行逐步培育了一大批基础客户群体，并逐步实现了战略调整和收益结构的改善。

2010 年 11 月 12 日，光大银行举办了“人民币金融服务暨‘阳光供应链’产品”新闻发布会，推出旗下“跨境人民币金融服务”项下多项产品，并对进一步更新及整合的“阳光供应链”品牌进行了统一发布。为了充分发挥光大银行在国际结算方面的传统优势，以此带动传统国际结算业务发展及国际业务基础客户群体的建设，光大银行整合了跨境业务相关产品，大力发展跨境人民币业务，形成了“跨越”“飞越”“穿越”和“超越”四个系列产品。

“跨越”系列以结算产品为主，包括传统国际贸易结算业务、非贸易及资本项目结算业务、保函业务等结算类产品；“飞越”系列主要指融资产品，包括传统贸易融资产品、人民币项下的国际保理、福费廷等产品；“穿越”系列包括电子银行和现金管理；“超越”系列则主要针对投资理财类产品。通过此次发布，光大银行向市场全面推出包括结算、清算、存款、贷款、现金管理、资金衍生产品等在内的全方位、多领域的跨境人民币金融服务产品系列，以最大限度满足客户在跨境人民币业务方面的多种需求，同时也提高了光大银行在该项业务方面的市场竞争力。

光大银行在全国 23 个省（自治区、直辖市）的 40 个经济中心城市拥有近 600 家分支机构，1500 多家海外代理行遍布全球；率先在国内实行国际结算业务的集约化管理和集中操作，拥有大批精通信用证、保函等方面国际惯例的经验丰富的国际结算专家；率先引进开发国际结算系统，统一全行国际结算操作标准，能为企业提供包括进、出口商所在国家风险、商品市场走势、进出口方银行选择、信用证条款、单据质量、外汇管理、融资方案咨询等在内的一站式服务。光大银行已经形成了“阳光供应链”贸易金融品牌旗下“阳光保理融资”“阳光商品融资”“阳光进出口贸易结算及融资”“阳光国内结算融资”“阳光外汇资财”等 5 大系列、36 种产品。

（1）“阳光保理融资”是一个涵盖产品、解决方案、行业特色的立体交叉的产品服务体系，拥有国际、国内两大类，“池融资”保理、租赁保理、出口信保保理、医药保理等10多个品种产品；

（2）“阳光商品融资”涵盖动、静态质押，包括现货、未来货权和标准仓单质押、保兑仓等多款融资产品；

（3）“阳光进出口贸易结算及融资”在传统的国际结算及融资产品体系基础上，着力推广跨境贸易人民币结算及融资业务，定位于以专业、高效的服务巩固及拓展基础结算客户群体；

（4）“阳光国内结算融资”逐步形成了以国内信用证为代表的国内贸易结算及融资体系，以及以订单融资、信保融资和应收账款质押等产品为代表的供应链买方及卖方融资体系；

（5）“阳光外汇资财”系列则进一步细化了原有的产品内容，通过超远期结售汇、远期结售汇提前价格锁定及外汇交易挂单业务等服务项目的推出，最大限度满足客户在外汇交易过程中保值、增值等需求。

2.2.5.8 广东发展银行

广东发展银行（简称广发银行）于2003年开展货押业务，推出“民营100”金融服务平台，之后又在此加载了物流银行服务，货押是其主打业务。他们逐步开展了存货融资、预付款融资、订单融资以及应收账款保理等业务。产品主要有国内保理、国际保理、出口押汇、进口押汇、出口信报押汇、动产质押、厂商银授信、企业可转化债券担保等业务。

（1）仓单质押授信。企业以仓单作为质押物，广发银行为其提供授信的融资方式。原材料、半成品、产成品的仓单均可作为质押物。

（2）厂商银授信。广发银行对商品生产厂家的经销商提供授信，由商品生产厂家以承担连带保证责任或约定付款责任或商品回购责任等提供担保的授信方式。

（3）物流银行质押贷款业务（物流银行）。广发银行以市场畅销、价格稳定、流通性强且符合质押物品要求的商品质押作为授信条件，运用物流企业的物流信息管理系统，将商业银行的资金流与物流企业的物流信息系统，将商业银行的资金流与物流企业的物流有机结合，向客户提供集融资、结算等多项服务于一体的综合服务业务。这种业务支持多种用途的授信，包括开立信用证、流动资金贷款、商业承兑汇票保证贴现、银行承兑汇票、保函等。

其中，物流银行业务为我国大中型制造业、商贸业和批发商带来了福音，对其他银行开展此类业务提供示范。

2014年，广发银行把在线供应链产品整合成“广发在线贸融通”品牌，正式推向市场。2015年，广发银行陆续推出在线订单融资、在线电商平台融资，在线产品家族成员不断增加。据介绍，广发银行近年开始布局在线供应链融资，通过整合内部资源配置，加大在线供应链融资的研发投入，不断创新和突破传统模式。在成功构建供应链融资内部管理平台后，保理、动产和预付款融资产品逐步嵌入，并开通企业网银、银企直联等客户接入通道，在线供应链金融全产品线格局初见成效。相比同业，广发银行在线供应链金融全系产品均无需人工干预与落地处理，处理效率居于同业领先水平，这成为该行供应链金融的核心竞争力。同时，客户申请开通广发在线供应链融资服务手续简单、流程简便，主要功能除在线提款与支付外，还实现了订单确认、应收账款转让、赎换货、还款、对账等环节的全程电子化，准确诠释“足不出户办业务”“在线、无界限”的在线供应链功能特征。对授信客户最直接的感受就是“秒级”出账，极大提升了业务办理效率与客户体验。

广发银行在线供应链金融具有起点高、平台化、扁平化的特点。这首先是因为广发银行基于互联网思维应用，搭建了高效而开放的在线供应链整体架构，提前做好高水准规划和超前的设计，客户可根据自身管理和业务发展需要定制服务。另外是因为广发银行依托大数据资源与 B2B 电商平台及各种信息渠道积极对接，获取并利用电子化、标准化交易信息，大幅提升银行授信审批及放款的效率。广发银行一直坚持互联网金融创新，不断探索在线供应链金融新模式。通过携手供应链核心企业、电商平台、仓储物流、交易客户，广发真正开创在线融资便捷新时代，开发出面向广大中小企业的在线供应链生态圈。

2.2.5.9　其他银行

兴业银行的“金芝麻”，包括采购、销售、生产三大项，18 项单项产品。2008 年，兴业银行正式加入了 SWIFT 组织开发的贸易服务设施系统（trade service utilities，TSU），该系统通过集中化数据处理和工作流引擎，对订单、运输单据和发票等进行集中化匹配处理。

中国民生银行于 2005 年底成立贸易金融部，专司为进出口客户提供各类金融服务。2006 年，推出应收账款、物流融资和服务增值类三大系列主打产品；2007 年，主攻船舶融资业务，重点推出国际保理、信保融资和物流融资三个特色产品。

2005 年 6 月，中国工商银行推出了沃尔玛供应商保理业务试点。次年 7 月，推出了供应链金融产品。

2.3　国内外信贷管理体系管理发展趋势

供应链金融有效顺利推进的核心依赖于金融部门和企业共建一个完整的信用体系。供应链成员相互之间以及与银行之间并没有相对可靠的信用保证。同时银行可能无法独立完成对供应链所有企业相关数据的调查和分析，从而不能准确了解供应链的整体情况。这将使得银行无法根据供应链成员的决策和经营，调整相应的信用贷款，降低资金的使用风险。因此，信贷管理体系及其信用风险的度量与防控是核心。

（1）国外信贷管理体系以“美国模式”和“欧洲模型”为主体。

发达国家社会信用体系建设主要有两种模式：一是以美国为代表的信用中介机构为主导的模式；二是以欧洲为代表的以政府和中央银行为主导的模式。以美国为代表的“信用中介机构为主导”的模式，完全依靠市场经济的法则和信用管理行业的自我管理来运作，政府仅负责提供立法支持及监管信用管理体系的运转。在这种运作模式中，信用中介机构发挥主要的作用，其运作的核心是经济利益。以欧洲为代表的“政府和中央银行为主导”的模式，是政府通过建立公共的征信机构，强制性地要求企业和个人向这些机构提供信用数据，并通过立法保证这些数据的真实性。在这种模式中政府起主导作用，其建设的效率比较高，它同美国模式存在一定的差别，主要表现在三个方面：第一，信用信息服务机构是作为中央银行的一个部门，而不是由私人部门发起设立；第二，银行需要依法向信用信息局提供相关信用信息；第三，中央银行承担主要的监管职能。

（2）我国以政府主导，并结合第三方评级加快推进社会信用体系建设。

为深入贯彻党的十八大和十八届三中全会重要部署，推动落实《社会信用体系建设规划纲要（2014-2020年）》，2014年9月，国家发展改革委和中国人民银行联合召开全国社会信用体系建设工作会议。会议再次明确指出加快社会信用体系建设具有鲜明的时代特征和重大的现实意义，是转变政府职能、加强事中事后监管的重要手段。党的十八届三中全会对社会信用体系建设做出了新的战略部署，《规划纲要》指明了工作方向，对推进简政放权、转变政府职能提出了迫切要求，为推进诚信建设制度化创造了良好的舆论氛围。并强调引入大数据、云计算等现代信息技术为社会信用体系建设提供技术保障。此外，会议提出可以聘任第三方对各部门的信息公开程度进行评估，在引入中介机构进行政府信用评价进程指明政策支持方向。通过构建信用信息交换共享平台加强诚信宣传教育、加强交流培训、强化工作考核，为信用信息公开化制定落实步骤。

会议中还明确鼓励包括民间资本在内的各类资本进入征信业，鼓励征信机构之间重组并购，鼓励征信机构结合社会经济发展需求，加强产品服务创新，提高服务质量；积极利用新技术条件发展新业态征信，支持大数据公司进入征信市场；推动征信机构加强自身信用建设，强化征信机构和从业人员责任；要建立信息主体的异议、投诉、责任处理及个人信用修复的制度，保护信息主体权益。并以“五个突破”，即信用记录建设要有所突破，信用信息共享平台建设要有所突破，失信联合惩戒制度要有所突破，信用服务机构发展要有所突破，法规制度标准建设要有所突破，加快社会信用体系形成新突破。并提出“十个落地”，即地方、部门信用建设规划要落地，地方、部门信用记录建设要落地，地方共享平台建设要落地，地方、部门信用信息公开要落地，跨地区、多部门信用联合奖惩措施要落地，地方、部门使用信用记录和信用报告制度要落地，各地区重点领域、重点行业试点示范要落地，地方、部门法规制度建设要落地，地方、部门工作保障体系要落地，地方、部门诚信宣传教育要落地，具体给出社会信用体系未来工作发展方向。

2.4　国内外信用违约风险度量研究现状

2.4.1　国外信用违约风险度量研究现状

国外信用风险管理依托于银行的信贷风险的管理发展而来，目标是通过将信用违约风险限制在可以接受的范围内而获得最高的风险调整收益。因此，离不开对信用违约风险科学准确地度量，目前的信用风险度量方法可分为以下四大类：即经典模型→结构式模型→简约式模型→混合模型的发展过程，其模型构建思路均是通过违约概率或回收率量化建模，以期由识别单一客户的信用风险到识别度量贷款组合信用风险度量的过程。以经典模型，即研究较为成熟的信用风险度量模型为例，且目前广泛应用于各相关金融机构，是各机构内部信用风险度量技术的核心理论，具体的模型及其研发者和模型设计思想总结如表 2.2 所示。值得一提的是，2007 年 2 月 28 日，我国银监会发布的《中国银行业实施新资本协议指导意见》中规定 2013 年底前，我国商业银行要根据《巴塞尔新资本协议》的要求完善内部评级体系、技术和方法，及时准确地评估其所面临的风险敞口和资本充足率情况，保证最低资本要求的实现。其中，我国许多商业银行就是选择表 2.2 中所列的几类经典模型，并结合我国的实际情况，研发出适合我国国情的内部评级法。

表 2.2　经典信用风险度量模型研究

研究者	研发时间	模型设计思想及特点
E. I. Altman	1968 年 1977 年	采用回归方法确定破产可能性的 Z-score 模型和 Zeta 模型。操作性、适用性和预测能力较强，但由于它们只依赖于财务报表账面数据，缺乏对违约和违约风险度系统认识，假设变量呈线性分布，并且未涉及表外业务的信用风险，因而有一定的局限性
Merton KMV 公司	1974 年	它完全依靠将企业资产价值在两类主要的权益人——股东和债权人之间进行分配的规则，运用期权定价方法来估计固定收益工具的违约险利差，是“结构”方法研究信用风险的开端

续表 2.2

研究者	研发时间	模型设计思想及特点
信孚银行	20 世纪 80 年代末	资本的风险调整收益率（RAROC），设计思想是应用资金划拨定价方式和资本分配实现，自上而下对贷款管理、交易目标等应用审慎性风险控制措施的过程
瑞士银行（合并至瑞士联合银行）	20 世纪 90 年代	精算信用风险核算法（ACRA），通过统计方法，对一段时期特定的贷款组合计算预期损失
J. P. 摩根公司协同其他几家机构	1994 年	RiskMetrics，CreditMetrics，CreditRisk+。第一个侧重对市场风险的计量和分析，包含 VaR 和日风险收益模型。后两个都是计量信用风险的 VaR 模型，目的是用定量法更准确地管理资产和负债风险
麦肯锡公司	1997 年	信用组合观点（Credit Portfolio View），考察宏观经济周期对信用影响，假设信用评级的转移取决于经济状态这个经验现象。麦肯锡公司的信用组合观点中，通过有条件的违约概率值对其无条件的违约概率值之比来加以调整
KPMG（毕马威）公司	1998 年	假定市场是风险中性（RN）的，并根据现金流的概率分布和投资者的风险-收益偏好，利用等价鞅测度计算违约概率，最后为贷款定价
瑞士信贷银行金融产品部（CSFP）	1997 年 2000 年	利用保险精算中死亡率预测法预测损失率，并借助信用风险附加法，通过违约频率和预期违约损失估计违约损失分布。虽然需要输入的数据较少，但是其估计结果并不充分，对后尾现象解决不好

2.4.2 国内信用风险管理度量模型研究现状

良好的信用关系是关联方长期合作的基础，由于狭义的信用主体围绕银企关系展开，大致可分为两大类：一类研究思路从宏观视角切入，对不同国家政治体制、不同经济发展时期的信贷关系的发展变化进行梳理，通过对比分析、案例分析、实证分析等研究方法从制度经济学角度、银行混业管理角度，给出较为清晰的信用风险管理发展脉络。王姝（2001）按照国别和经济发展的不同，将信用关系分为两大类：以日本、德国为代表的紧密型和以美国为代表的松散型信用关系模式，并加以分析。刘涛、欧阳令南（2003）从银行资产管理的目标为切入点，对银行和企业信用合约类型进行分析，进而给出相应的信用关系分类。蔡如海、冯玥（2005）从制度经济学视角考察信用关系的重要性。生蕾（2009）从银行和企业间业务和交易模式的发展变化角度，从存储关系、信用关系、相互依从共赢关系、股权合作关系等方面刻画了信用关系发展。

第二类海量研究文献的思路是从微观视角入手，利用博弈论、信息经济学等方法探讨不对称信息条件下银行与企业间的信用关系，在一定意义上，对信用风险博弈分析的研究均蕴含着信用关系运行机理，因此亦应归为此类研究文献中。由于不同时期银行的信用管理目标不同，因此相应的信用关系也不同。从 20 世纪 60 年代至今的银行五十多年的发展历程来看，银行业的管理有了很大的变化，大体可以分为三个阶段：初期的研究处在银行分业经营背景下，其所追求的投资组合必须满足金融政策的约束，相应的信用关系较为单一，保守。第二阶段，利用信息经济学等研究方法，从微观层面对信用决策的制定做了许多有益的创新和思考，且研究方法有所创新，将研究中原有的假设：一般均衡瓦尔拉斯均衡替换为更复杂的委托代理理论，引入信息不对称和其他限制变量，使之更贴近实际；引入了激励相容机制设计信用合约；修正了单纯利润最大化原则；将担保、抵押、再谈判、声誉机制、信息结构等都纳入分析框架，对信用关系的研究产生了实质的改变。第三阶段的研究是在研究方法创新之后对已有的现象进行的反思；其所处研究背景是在金融业发生了巨大的变化、金融国际化、大规模银行兼并集中、金融管制的减少的背景下、在以客户为中心成为商业银行主要特征的战略转变下研究信用关系。例如，秦学志、迟国泰（2000，2001）以贷款收益最大为目标，利用动态规划方法，对每季度贷款额、还款额进行合理设计，构建了包括最大可能性准则、悲观准则等 4 个准则下的贷款方案决策模型，反映出信用关系良好运行机理。庞素琳、黎荣舟等（2003，2005）利用信息经济学原理，依照风险类型并合和非并合两种情形下设计信用决策合约，给出贷前和贷后道德风险的不同抵御策略，进而维持了信用关系的良好状态。彭辉（2007）比较了贷款人和借款人在不同法律及法律执行力约束下截然不同的博弈结果，从信用法律实务角度说明了法律不完备环境对信用关系的影响。

信用共赢无疑是一个最终的目标，这种均衡状态有利于整个金融体系实现稳定和可持续发展。国内外学者对有关信用共赢问题进行了许多有启发性和有益的探索。在我国，以周小川为代表，人民银行的金融生态建设课题组（2006）在人民银行网站上金融生态课题专栏讨论金融生态与政府作业、金融监管、法制环境关系，后 WTO 时期的中国金融企业与金融生态环境等议题，将改善我国金融生态环境作为目标优化金融资源配置，并定期更新研究成果。袁纯清（2002）认为金融市场要想“共赢”首先需要“共生”，并开创性地将“金融共生”定义为“银行与企业、银行与银行、银行与非银行金融机构之间在一定的共生环境中以一定的共生模式形成的相互依存的关系”。吴碧勇（2002），徐联初（2005），邹勇（2006），周海（2009）认为解决银企间严重信息不对称和企业信用的严重缺失状况为首要前提，并建议通过四种手段：完善金融立法，规范市场机制；保证信用畅通和信息对称；扩大银企合作，挖掘潜在市场；参与经营决策，实行利益共享实现共赢。王玥，秦学志（2008，2011，2015）在逆向选择和不同的融资模式影响下，运用博弈论初步考察了在不发达的信用市场中，正式和非正式的贷款者，政府救助等多种融资并存时，如何保证金融系统生命力，并用所构建的模型得到的均衡解，解释了在不同的条件下正式和非正式的贷款者哪个能带来更大的收益。

2.5　信贷发展综合评价方法研究现状

以主观和客观赋权方法为主的经济综合评价方法研究应用广泛，有代表性的研究包括于丽英、冯之浚（2005）在对城市经济发展评价中通过专家打分法等主观赋权方法对指标进行赋权。郑少露等（2010）应用灰色关联分析方法确定评价指标的权重，并对经济发展进行了实证研究。吴开亚（2008）通过熵权法确定评价指标的权重对巢湖流域的农业经济发展进行了评价。迟国泰等（2010）利用AHP-标准离差对人的全面发展构建评价模型，并利用全国各省数据进行实证研究，给出各省人的全面发展综合排名。

2.6　现有研究中存在的问题分析

辽宁省的信用经济评价仍处于起步阶段，有针对性的评价模型还不多，有以下问题需要解决：

（1）指标体系构建不合理。一是指标选取规则不合理。现有研究没有从科学发展观的角度海选指标，不能体现“恪守信用、平等互利、相互支持、共同发展”的共赢信用视角。二是指标体系不合理。现有社会信用经济评价指标体系包含了冗余和无用指标，无法保证评价结果的合理性和科学性。

（2）综合评价方法选取不合理。一是评价方法选取单一。现有研究只是从主观赋权或客观赋权的评价方法中，选取一种评价方法进行综合评价，从而导致评价结果不合理。二是缺乏对不同评价方法的结果进行循环修正的思路。

（3）评价结果的影响因素分析方法不合理。现有研究主要依据主观判断的方法确定评价结果的主要影响因素，缺乏对影响因素的定量分析，导致无法发挥评价最大效用。

3 和谐共赢的供应链金融信用模型构建

3.1 问题的提出

所谓完全契约，是指这些承诺的集合完全包含了双方在未来预期的事件发生时所有的权利和义务。所构建的模型是在完全契约的背景下，考虑信用关联方决策过程中互相了解对方的风险与收益，并在契约规则完美的基础上构建的均衡模型，是一种理想状态的结果，所得的均衡解是单期完美信息 Nash 均衡解。

正如经济学的“合成推理谬误”的思想：局部与整体往往不一致，局部看是正确或有利的事情，从整体看可能是错误或不利的；而局部看是错误或不利的事情，从整体看却可能是正确或有利的。基于此，在满足局部利益的同时，使整体利益最大就是所谓的共赢状态，即一种帕累托最优状态。由此可见，共赢的信用系统，通过其内部各机构自发自觉、有条不紊、井然有序和相互协调的信用依存关系，实现整个系统的可持续发展，即在“恪守信用、平等互利、相互支持、共同发展”的共赢信用理念指导下，保证系统内部各部分的利益或效用尽可能大的同时，使整个供应链融资信用体系的总体收益也尽可能最大化。

特别地，这里以企业信贷信用为例，考察一个企业在不拥有任何资金的情况下，分别从银行和投资机构进行筹资。融资成功后，企业通过生产获得利润，进而偿付银行和投资机构的利益，其中银行的收益率为贷款利率，投资机构的收益为分红。显然三方构成一个相互依存的信贷系统，该体系未必使整个金融系统的利益或效用达到最大，反而由于各方以己私利为先，极可能损害整个金融系统的利益，因此有必要考察共赢信用机理。一般而言，企业、银行和投资机构三者间存在一定的博弈关系，即达到使三方各自收益的期望效用最大的 Nash 均衡，该均衡点即为三方共赢均衡点。此时，整个供应链融资信用体系中的个体在满足各自利益的同时，使整个信用系统的总体收益达到最大，即实现理想的信用共赢均衡。

3.2 基本假设和符号说明

在这里假设某一企业在 $t=0$ 时刻欲对某项目进行投资。出于风险控制与分担、利益分享等需要和现实的可能性，假设企业从投资机构筹得一部分所需资金，从银行筹得其余资金。具体的融资过程为：企业根据自身生产需要向银行和投资机构提出融资额，银行和投资机构对企业的各种项目指标进行评估，综合考察后，若认为该项目不满足自己的投资要求，则不投资；若满足，则投资。若投资机构和银行不投资，则企业因为缺乏资金，无法更新生产设备，进而无法对项目进行扩大再生产，假设此时其效用为零；若投资机构和银行进行投资，该项目在［0，T］时段内生产经营，在 T 时按合约中规定的股权比例和债权比例进行权益分配。为方便，取 $T=1$。企业对自身项目的生产技术水平、预期收益率及市场波动率、项目发展情况等信息均有清楚地了解，银行和投资机构仅通过考察相应的指标对上述状况进行预期。

假设企业的持股比例为 β（$0<\beta<1$），需要的资金投入总额为 s。经营结束后，企业先按贷款利率偿付银行利息，然后再与投资机构按比例 β 分配剩余利润。若银行和投资机构同意按合约要求对企业进行投资，一般而言，它们事先对企业的各项指标和信用等级进行了一定的评估。在该信用等级下，企业由于其生产经营因素无力偿付银行和投资机构的利益，造成违约的概率假设是已知的，即企业无力偿还债务而造成违约的情况，可通过信用等级评定得到反映。假设，银行和投资机构都认为企业对项目进行生产获得成功的概率为 $p(0<p<1)$，失败的概率为 $1-p$，其中 $1-p$ 即为企业在一定的信用等级下的违约概率，是已知的。企业的信用等级越高，违约概率 $1-p$ 越小，p 值越大。

假设企业的道德风险系数为 α（Bajaj 等，1998），即 α 表示企业的败德行为损害或非法占有、消费剩余请求权人权益的比例，$0<\alpha<1$。该道德风险系数在银行和投资机构看来，不是没有能力偿还债务或权益人利益，而是不愿意偿还。它是企业经营者的道德表现，是其是否自觉遵守合约规定，遵守法律法规约束程度的反映。

若项目生产成功，获得的收益用 $R=f(x)(\mu+\varepsilon)$ 描述，其中 $f(x)$ 为生产函数，即 $f(x)$ 表示投资额为 s 时的产量。$f(0)=0$，$f(s)$ 为单调增加的凹函数；$\mu+\varepsilon$ 为年收益率，其中 μ 为常数，ε 为正态分布随机变量；ε 的均值为零，方差为 σ_0^2；$\mu+\varepsilon$ 表示年收益率是均值为 μ，方差为 σ_0^2 的随机变量。并且假设 R 中已经扣除了企业的工资报酬，且不考虑税收和其他的成本。下面的分析中假设 $f(x)=b\sqrt{s}$（$b>0$）。

若企业经营成功，其占有（或损害的）的剩余请求权人的权益为 $p\alpha f(s)(\mu+\varepsilon)$；若企业经营失败，其剩余资产价值 C（常数）归银行和投资机构所有，并按债权和股权的比例进行分配，按法律规定企业无权占有，但企业由败德行为会占有一部分。C 在违约概率下的期望值为 $(1-p)C$。

在 T 时刻，企业先占有的剩余请求权人权益，然后再满足债权人利益，最后进行股权分配。

综上可知，企业的收益水平为：

$$Y_{企} = \alpha pf(s)(\mu + \varepsilon) + \beta[(1-\alpha)pf(s)(\mu + \varepsilon) - (1+r)s_1] + (1-p)\alpha C \tag{3.1}$$

从而，$Y_{企}$ 的期望值和方差分别为：

$$E(Y_{企}) = [a + \beta(1-\alpha)]pf(s)\mu - \beta(1+r)s_1 + (1-p)\alpha C \tag{3.2}$$

$$Var(Y_{企}) = [a + \beta(1-\alpha)]^2 p^2 f^2(s)\sigma_0^2 \tag{3.3}$$

式中，r 表示银行的贷款利率。

投资机构对企业道德风险系数的预期为 $\alpha_{投}$：$0 \leqslant \alpha_{投} < 1$；银行对企业的道德风险系数的预期为 $\alpha_{银}$：$0 \leqslant \alpha_{银} < 1$。相应地，投资机构对企业项目的收益率及其波动率的预期为 $\mu_{投}$ 和 $\sigma_{0投}^2$；银行对企业项目的收益率和波动率的预期为 $\mu_{银}$ 和 $\sigma_{0银}^2$。因为投资机构作为企业的股东，参与企业的股东大会，所以它对企业项目的经营指标的认识比银行更直接、更准确。

投资机构的投资预期收益水平为：

$$Y_{投} = (1-\beta)[(1-\alpha_{投})pf(s)(\mu_{投} + \varepsilon_{投}) - (1+r)s_1] + (1-\beta)(1-\alpha_{投})(1-p)C \tag{3.4}$$

式中，$\varepsilon_{投}$ 为正态分布的随机变量，$\varepsilon_{投}$ 的均值和方差分别为 $E(\varepsilon_{投}) = 0$ 和 $Var(\varepsilon_{投}) = \sigma_{0投}^2$，假设 ε 和 $\varepsilon_{投}$ 不相关。投资机构的收益水平的期望和方差分别为：

$$E(Y_{投}) = (1-\beta)(1-\alpha_{投})pf(s)\mu_{投} - (1-\beta)(1+r)s_1 + (1-\beta)(1-\alpha_{投})(1-p)C \tag{3.5}$$

$$Var(Y_{投}) = (1-\beta)^2(1-\alpha_{投})^2 p^2 f^2(s)\sigma_{0投}^2 \tag{3.6}$$

银行的投资预期收益水平为：

$$Y_{银} = (1+r)ps_1 + \beta(1-\alpha_{银})(1-p)C \tag{3.7}$$

若企业项目经营成功，因银行并不占有企业的股权，其在 T 时刻的收益就是投资金额按照贷款利率的累积额。若企业项目经营失败，按照合约规定，银行收回企业的一部分剩余资产价值，这部分与企业的道德风险有关。在银行同意为企业进行贷款的情况下，银行所面临的风险一部分是企业无力还债的违约风险（违约概率通过信用等级评定已经确定），一部分是企业不愿意还债的道德风险。为了分析方便和银行所具有的中介特点，假设银行是风险中性的。银行的收益水平的期望为：

$$E(Y_{银}) = (1+r)ps_1 + \beta(1-\alpha_{银})(1-p)C \tag{3.8}$$

3.3　博弈模型及其均衡解

3.3.1　期望效用目标函数

在经济学中，效用是对诸如愿望、消费、服务等变量满意程度的一种度量。

期望效用函数是在遇到不确定现象，并难以得到确定决策的时候所引出的概念，它是不确定性决策问题的重要理论。与确定情况下的效用理论相比，期望效用理论是指在决策之前并不知道未来可能出现的状态的最终结果，因此通常依据自己对待风险的态度：厌恶、中性和喜好，对未来可能出现的结果进行预期。因为期望效用是不一定实现的，真实的效用会比它高或低，形成了风险。Von Neumann 和 Morgenstern（1944）提出风险下投资者决策的期望效用理论。他指出投资者的效用是未来各种可能结果的权重之和，并给出了公理体系。此后，研究者结合效用函数的形状和投资者对待风险的态度得出了许多理论结果。

命题 3.0 负指数效用函数为 $U(x)=-\exp(-ax)$，其中 $a>0$ 为绝对风险厌恶系数，且若 $x=\theta+\varepsilon$，θ 为确定的值，ε 为满足均值为零、方差为 σ^2 的正态分布变量，则：

$$E[U(x)\mid\mu]=-\exp\left\{-a\left[E(x\mid\mu)-\frac{a}{2}Var(x\mid\mu)\right]\right\}$$

式中，Var（·）表示方差，$E(x\mid\theta)$ 表示给定 θ 的条件下 x 的期望值。

证明 令 $\mathrm{d}x\mid\theta=\mu\mathrm{d}t+\sigma\mathrm{d}w$，又 $y=\exp(-ax)$，则 $y\mid\theta=\exp[-a(x\mid\theta)]$，其中 μ 和 σ 为已知常数。$t=0$ 时，$x(0)=0$ 为初始条件，由 Kolmogorov 后向方程可得：

$$\mathrm{d}E(x\mid\theta)=E(\mathrm{d}x\mid\theta)=\mu\mathrm{d}t$$

$$\begin{aligned}\mathrm{d}Var(x\mid\theta)&=\mathrm{d}E[x\mid\theta-E(x\mid\theta)]^2=E\{\mathrm{d}[x\mid\theta-E(x\mid\theta)]^2\}\\&=E\{2[x\mid\theta-E(x\mid\theta)]\mathrm{d}x\mid\theta+\sigma^2\mathrm{d}t\}+O(\mathrm{d}t)^2=\sigma^2\mathrm{d}t\end{aligned}$$

同理可知：

$$\begin{aligned}\mathrm{d}E(y\mid\theta)&=E\left\{-a\exp[-a(x\mid\theta)]\mu+\frac{a^2}{2}\exp[-a(x\mid\theta)]\sigma^2\right\}\mathrm{d}t\\&=E\left[-a(y\mid\theta)\mu+\frac{a^2}{2}(y\mid\theta)\sigma^2\right]\mathrm{d}t\end{aligned}$$

综上可知：

$$\begin{aligned}\mathrm{d}[\ln E(y\mid\theta)]&=\left(-a\mu+\frac{a^2}{2}\sigma^2\right)\mathrm{d}t\\&=-a\mathrm{d}E(x\mid\theta)+\frac{a^2}{2}\mathrm{d}Var(x\mid\theta)=\mathrm{d}\left[-aE(x\mid\theta)+\frac{a^2}{2}Var(x\mid\theta)\right]\end{aligned}$$

3.3.2 共赢均衡博弈过程

首先，在考虑企业、银行、投资机构间的博弈，在三方满足各自约束条件之下，使其收益水平的期望效用达到最大。这里采用负指数期望效用模型的指数部分 $U(x)=E(x)-\frac{a}{2}Var(x)$（其中 $a>0$ 表示绝对风险厌恶系数）作为目标函数进行讨论。投资机构和银行在分别给定企业道德风险系数的预期 α_{I_1} 和 α_{I_2}，以及企业未来的收益率和波动率 μ_{I_1}、$\sigma_{0I_1}^2$ 和 μ_{I_2}、$\sigma_{0I_2}^2$ 的条件下，且知道企业给出的持股比例 β，从自身利益最大化出发，在一定的约束条件之下，给出各自投资额的预期值。即：

投资机构通过求：

$$\begin{cases} \max\limits_{s_2} U_{投} = E(Y_{投}) - \dfrac{a_2}{2} Var(Y_{投}) \\ \text{s.t.} \quad E(Y_{投}) \geqslant (1 + \bar{r}) s_2 \end{cases} \tag{$P_{3.1}$}$$

得到自己投资金额的预期值 s_2^*。其中 a_2 为投资机构的绝对风险厌恶系数，$a_2>0$。

银行通过求：

$$\begin{cases} \max\limits_{s_1} U_{银} = E(Y_{银}) \\ \text{s.t.} \quad E(Y_{银}) \geqslant (1 + \bar{r}) s_1 \end{cases} \tag{$P_{3.2}$}$$

得到贷款金额的预期值 s_1^*。这里，假设银行是风险中性的，其效用就是收益的期望值。

$\bar{r}$ 为投资机构和银行用于投资无风险债券的收益率。约束条件说明投资机构和银行在投资企业项目后所得到的收益，要大于其用相同资金购买无风险债券在一年后的收益。投资机构和银行对 s 的预期值为：

$$s^* = s_1^* + s_2^*$$

企业是财富的最终创造者，它在了解投资机构和银行的投资策略，且在估计到投资机构和银行对企业项目的收益率、波动率、道德风险程度，甚至绝对风险厌恶系数的同时，以自身收益水平的期望效用最大为目标制定持股比例，即通过求：

$$\begin{cases} \max\limits_{\beta} U_{企} = E(Y_{企}) - \dfrac{a_1}{2} Var(Y_{企}) \\ \text{s.t.} \quad U_{企} \geqslant 0 \end{cases} \tag{$P_{3.3}$}$$

得到 β 的最优值 $\beta^* = \beta^*(s^*)$。其中 a_1 为企业的绝对风险厌恶系数，$a_1>0$。

在 $t=0$ 时刻，企业、投资机构、银行同时进行投融资决策，达到 Nash 均衡时，β^*、s_1^*、s_2^*、s^* 就是三方博弈的均衡点，即在 Nash 博弈中假定每个博弈参与人进行最优决策时都假定对方的决策已经是最优，因此，并且在 $t=1$ 时刻，博弈三方各自效用达到最大，它们构成一个共赢的信用体系。由（$P_{3.1}$）、（$P_{3.2}$）、（$P_{3.3}$）知，β^*、s_1^*、s_2^*、s^* 满足：

$$\left. \frac{\partial U_{企}}{\partial \beta} \right|_{s=s^*} = 0 \tag{3.9}$$

$$\begin{cases}\left.\dfrac{\partial U_{投}}{\partial s_2}\right|_{\beta=\beta^*} + \lambda_2\left[\dfrac{\partial E(Y_{投})}{\partial s_2} - \dfrac{\partial(1+\bar{r})s_2}{\partial s_2}\right] = 0 \\ \lambda_2[E(Y_{企}) - (1+\bar{r})s_2] = 0\end{cases} \tag{3.10}$$

$$\begin{cases}\left.\dfrac{\partial U_{银}}{\partial s_1}\right|_{\beta=\beta^*} + \lambda_3\left[\dfrac{\partial E(Y_{银})}{\partial s_1} - \dfrac{\partial(1+\bar{r})s_1}{\partial s_1}\right] = 0 \\ \lambda_3[E(Y_{银}) - (1+\bar{r})s_1] = 0\end{cases} \tag{3.11}$$

其中 $\lambda_i \geqslant 0$（$i=2$，3）分别为（$P_{3.1}$）和（$P_{3.2}$）的 Lagrange 乘子。

3.3.3 结果分析

$s_1=\beta s$ 代入式（3.10），得：

$$\beta^* = \frac{(1-\alpha)pf(s^*)\mu - a_1\alpha(1-\alpha)p^2f^2(s^*)\sigma_0^2}{2(1+r)s^* + a_1(1-\alpha)^2p^2f^2(s^*)\sigma_0^2} \tag{3.12}$$

从而知：

$$\frac{\partial\beta^*}{\partial a_1} = -\frac{[2\alpha(1+r)s^* + (1-\alpha)^2pf(s^*)\mu](1-\alpha)p^2f^2(s^*)\sigma_0^2}{[2(1+r)s^* + a_1(1-\alpha)^2p^2f^2(s^*)\sigma_0^2]^2} < 0$$

即有：

命题 3.1 企业的持股比例与企业的绝对风险厌恶系数负相关。企业的风险厌恶系数增大，其持股比例相应减小，即企业越厌恶风险，其越希望少占有股份，持股比例降低了，其承担的风险也相应地降低了。

由式（3.9），及 $f(x)=b\sqrt{s}$，得到：

$$f(s^*) = \frac{(1-\alpha)p\mu b^2}{2\beta^*(1+r) + [\alpha+\beta^*(1-\alpha)]a_1(1-\alpha)p^2b^2\sigma_0^2} \tag{3.13}$$

将式（3.14）代入 $U_{企}=E(Y_{企})-\dfrac{a_1}{2}Var(Y_{企})$，得：

$$U_{企}^* = \frac{\{2\beta^{*2}(1+r) + a_1[\alpha+\beta^*(1-\alpha)]^2p^2\sigma_0^2b^2\}(1-\alpha)^2p^2\mu^2b^2}{2\{2(1+r)\beta^* + a_1[\alpha+\beta^*(1-\alpha)](1-\alpha)p^2\sigma_0^2b^2\}^2} \tag{3.14}$$

由 $f(x)=b\sqrt{s}$，知 $f'(s)=\dfrac{b}{2\sqrt{s}}$，$f'(s)\ f(s)=\dfrac{b^2}{2}$，且 $s=\dfrac{s_2}{1-\beta}$，$s_1=\dfrac{\beta}{1-\beta}s_2$，共同代入式（3.10），得：

$$s_2^* = (1-\beta^*)\left[\frac{(1+\lambda_2)(1-\alpha_{投})p\mu_{投}\,b}{2(1+\lambda_2)(1+r)\beta^* + a_2(1-\beta^*)(1-\alpha_{投})^2p^2b^2\sigma_{0投}^2 + 2(1+\bar{r})\lambda_2}\right]^2 \tag{3.15}$$

可知 $\dfrac{\partial s_2^*}{\partial a_2}<0$。

接着，将式（3.15）代入 $U_{投}=E(Y_{投})-\frac{a_2}{2}Var(Y_{投})$，得：

$$U_{投}^*=(1-\beta^*)(1-\alpha_{投})(1-p)C+K_1-K_2 \tag{3.16}$$

$$K_1=\frac{(1-\beta^*)(1-\alpha_{投})(1-\alpha)p^2\mu\mu_{投}b^2}{2\beta^*(1+r)+[\alpha+\beta^*(1-\alpha)]a_1(1-\alpha)p^2b^2\sigma_0^2}$$

$$K_2=\frac{[2(1-\beta^*)\beta^*(1+r)+a_2(1-\beta^*)^2(1-\alpha_{投})^2p^2b^2\sigma_{0投}^2](1-\alpha)^2p^2\mu^2b^2}{2\{2\beta^*(1+r)+[\alpha+\beta^*(1-\alpha)]a_1(1-\alpha)p^2b^2\sigma_0^2\}^2}$$

由式（3.11）得 $\lambda_3=\frac{(1+r)\ p}{(1+\bar{r})-(1+r)\ p}$。

由于 $r>\bar{r}$，且 $0<p<1$ 知：

$$\lambda_3>\frac{(1+r)p}{(1+r)-(1+r)p}=\frac{p}{1-p}>0$$

故式（3.11）中 $E(Y_{银})-(1+\bar{r})s_1=0$，进而得到：

$$s_1^*=\frac{(1-p)(1-\alpha_{银})\beta^*C}{(1+\bar{r})-(1+r)p} \tag{3.17}$$

将式（3.17）代入 $U_{银}=E(Y_{银})$，得到：

$$U_{银}^*=\frac{\beta^*(1-p)(1-\alpha_{银})(1+\bar{r})C}{(1+\bar{r})-(1+r)p}>0 \tag{3.18}$$

而 $\frac{\partial U_{银}^*}{\partial\beta^*}>0$，$\frac{\partial U_{银}^*}{\partial\alpha_{银}}<0$。即有：

命题 3.2 （1）当银行对企业的道德风险系数预期值增大时，银行的投资效用降低。（2）当企业的持股比例增加时，银行的投资效用增大。（3）投资机构的预期投资额，与其绝对风险厌恶水平负相关。

为什么当企业的持股比例增加时，银行的投资效用增大呢？企业的持股比率增加，银行的回报率随之增加，其增加的比率为 $\frac{(1-p)\ (1-\alpha_{银})\ (1+\bar{r})C}{(1+\bar{r})-(1+r)\ p}$。又由 $\frac{\partial U_{银}^*}{\partial p}=\frac{\beta^*\ (1-\alpha_{银})\ (1+\bar{r})\ (r-\bar{r})C}{[\ (1+\bar{r})-(1+r)\ p]^2}>0$，得到：

命题 3.3 企业项目生产成功的概率越大，即企业的违约概率越小，银行的投资效用越大。这是因为企业项目评估结果可以反映出企业的信用等级，企业的信用等级越高，其项目获得成功的概率也越大，银行的投资效用随之增大，其增加的比率为可以用 $\frac{\beta^*(1-\alpha_{银})(1+\bar{r})(r-\bar{r})C}{[(1+\bar{r})-(1+r)p]^2}$ 来计算。

3.4 和谐共赢博弈均衡解

上述模型以企业、投资机构和银行三者收益的期望效用最大化为目标，在一定约束条件下，达到 Nash 均衡时，他们得到各自的决策。而三者构成的融资信用体系若要实现和谐共赢，必须使三方能够在平等互利、相互协调的信用环境下，可以长期合作下去，并使整个信用系统不断发展。下面，构建信贷各方信息完全对称情境下的共赢模型，并求出共赢均衡解，此共赢状态是信息对称条件下的完美和谐情景。

3.4.1 模型构建

本节以信贷三方地位平等作为和谐共赢模型的出发点，因而建立下列共赢信用模型：

$$\begin{cases} \max\limits_{s,\beta} U_{企} + U_{投} + U_{银} \\ \text{s.t.} \quad E(Y_{企}) > (1+r)s_1 \\ \qquad E(Y_{投}) \geqslant (1+\bar{r})s_2 \\ \qquad E(Y_{银}) \geqslant (1+\bar{r})s_1 \\ \qquad r > \bar{r},\ U^*_{企} > 0,\ U^*_{投} > 0,\ U^*_{银} > 0 \\ \qquad \alpha = \alpha_{投} = \alpha_{银} = 0 \\ \qquad \mu = \mu_{投} = \mu_{银},\ \sigma_0 = \sigma_{投} = \sigma_{银} \end{cases} \tag{$P_{3.4}$}$$

约束条件说明，企业要想长期与银行、投资机构合作必须考虑二者利益，保证其收益水平能够偿付二者的利益，如若不然，可能会致使企业信用等级降低，甚至后续永远无法再获得贷款。另外，在此和谐共赢理想情景下，强大的市场监督机制迫使企业必须完全按照法律法规行事，减少甚至杜绝败德行为，因此假设 $\alpha=0$。对银行和投资机构而言，它们不必担心由于企业的败德行为所失去的损失，其预期道德风险也为零，即 $\alpha_{银}=\alpha_{投}=0$。而且，银行和投资机构能够及时、准确地监控企业的经营情况，对其预期收益和波动率的估计接近真实值，即 $\mu_{投}=\mu_{银}=\mu$，$\sigma_{0投}=\sigma_{0银}=\sigma_0$。

此外，在考虑到信贷各方期望效用在各自收益下相互独立的客观性，将三者相加构成整个信用系统的期望收益效用，并将其作为最终的目标函数。

3.4.2 结果分析

由（$P_{3.4}$），得到其 Lagrange 函数为：

$$L(s) = \{U_{企} + \lambda_1[E(Y_{企}) - (1+r)s_1]\} + \{U_{投} + \lambda_2[E(Y_{投}) - (1+\bar{r})s_2]\} + \{U_{银} + \lambda_3[E(Y_{银}) - (1+\bar{r})s_1]\}$$

且其松弛条件为：

$\lambda_1[E(Y_{企}) - (1+r)s_1] = 0$，$\lambda_2[E(Y_{投}) - (1+\bar{r})s_2] = 0$，$\lambda_3[E(Y_{银}) - (1+\bar{r})s_1] = 0$，（$P_{3.3}$）变为（$P'_{3.3}$）：

$$\begin{cases} \max\limits_{\beta} U_{企} = E(Y_{企}) - \dfrac{a_1}{2} Var(Y_{企}) \\ \text{s.t.} \quad E(Y_{企}) > (1+r)S_1 \end{cases} \qquad (P'_{3.3})$$

由前面的算法可知：

$$f^*(s^*) = \frac{(1+\lambda_1)(1-\alpha)p\mu b^2}{2\beta^*(1+\lambda_1)(1+r) + [\alpha + \beta^*(1-\alpha)]a_1(1-\alpha)p^2b^2\sigma_0^2}$$

而 $E(Y_{企}) > (1+r)\ s_1$，且 $\lambda_1\ [E(Y_{企}) - (1+r)\ s_1] = 0$，知 $\lambda_1 = 0$，故 $f^*\ (s^*) = f(s^*)$。

故 $U_{总} = U^*_{企} + U^*_{投} + U^*_{银}$。将 $\alpha_{银} = \alpha_{投} = 0$，$\mu_{投} = \mu_{银} = \mu$，$\sigma_{0投} = \sigma_{0银} = \sigma_0$ 代入式（3.14），式（3.16），式（3.18），得到：

$$U^*_{总} = D_1 + D_2 \qquad (3.19)$$

$$D_1 = \frac{\{2(1+r)\beta^* + [-(a_1+a_2)\beta^{*2} + 2(a_1+a_2)\beta^* - a_2]p^2b^2\sigma_0^2\}p^2\mu^2b^2}{2[2(1+r)\beta^* + a_1p^2b^2\sigma_0^2\beta^*]^2}$$

$$D_2 = \frac{(1-p)(1+\bar{r})C - (1-\beta^*)(1-p)p(1+r)C}{(1+\bar{r}) - (1+r)p} > 0$$

且 $(1-\beta)^2 < \dfrac{a_1}{a_1+a_2}$ 时，一定能保证 $D_1 > 0$，且由：

$$\frac{\partial U^*_{总}}{\partial a_2} = -\frac{p^4b^4\mu^2\sigma^2\ (1-\beta^*)^2}{2\ [2\ (1+r)\ \beta^* + a_1p^2b^2\sigma_0^2\beta^*]^2} < 0$$，得到命题 3.4：

命题 3.4　在和谐共赢的供应链融资信用体系中，当企业、投资机构和银行彼此之间不存在道德风险，且企业与投资机构的绝对风险厌恶水平一定时，总体效用只与企业年收益率 μ 和信用等级（由 p 表示）有关。并且，通过控制持股比例可以保证系统总效用为正。且在和谐共赢的供应链融资信用体系中，总效用与投资机构风险厌恶水平负相关。

3.5　实证分析及结论

通过 Wind（万得）数据库，选择沈阳上市公司（沈阳机床、烯碳新材、东北电气、东北制药、合金投资、万方发展、惠天热电、沈阳化工、中兴商业、铁岭新城、奥维通信、博林特）2010～2013 年总资产收益率数据平均值来代替项目收益率进行实证分析。

通过相应的参数估计可知，项目收益率和方差分别为：0.0643 和 0.0021。采用一年期 Shibor 利率的均值 0.0283 作为无风险基准利率（数据来源：http：//www.shibor.org/shibor/web/html/index.html）。此外，剩余资产价值均由上述诸企业财务报表中的数据历史平均值得到 $C=8$。生产函数系数的取值参考柯布-道格拉斯生产函数（Cobb-Douglas production function）的国际通用取值百分数据：

20%~40%，故取 30%。此外，考虑到绝对风险厌恶系数的取值对结果的趋势变化没有影响，并参考其他参数的绝对值范围，参考相关文献，并不失一般性，设定 $\alpha_1=\alpha_2=5$。将所选取的参数代入式（3.14）、式（3.16）、式（3.18）、式（3.19），并利用 Matlab6.5 考察违约概率 $1-p$ 对信贷各方和整个信用系统共赢效用的影响，得到图 3.1 和图 3.2。

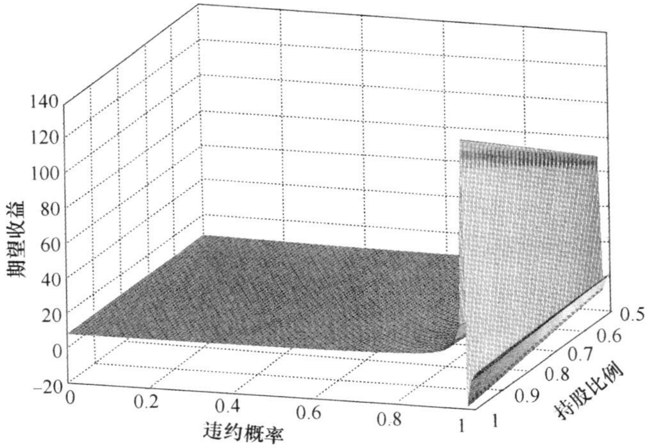

图 3.1　违约概率、持股比例对整个信用系统期望收益的影响

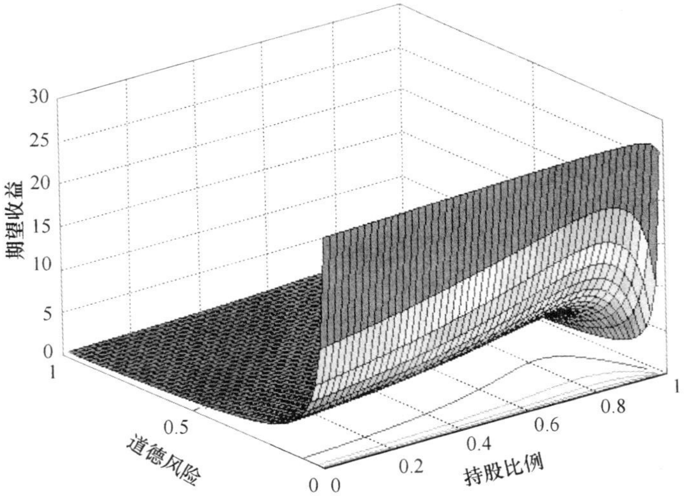

图 3.2　道德风险、持股比例对整个信用系统期望收益的影响

从图 3.1 中可以看出企业的违约概率对信贷三方和整个信用系统期望收益的影响程度。很明显，企业违约概率对银行、非银行投资机构和企业自身的期望收益产生负增益作用，说明企业的违约概率增大时，它们的期望收益降低。但是，

当企业的违约概率非常大的时候而当企业的违约概率非常大（接近 1）的时候，银行的期望效用出现了向上跳跃的奇异点，即此违约状态下银行的期望收益非常大，这说明，当企业可能在异常的违约因素的刺激下会发生破产现象，而银行恰巧观察到此现象，那么提前终止信贷合同而免受损失或在此情况下，得到了超过贷款额的剩余资产价值的分配。随着道德风险的降低系统期望收益效用增加，如图 3.2 所示，在持股比例为 0.6 附近时期望效用最大。

通过对完全契约下的共赢信用模型的构建和博弈均衡解的分析发现，信贷各方可以调整其与最大利益相关的各项指标，使信用系统实现共赢均衡状态。以具有风险中性特点的银行为例，若要增加预期收益效用，有三个途径：（1）增加对企业的贷款规模。银行需要考虑自身的风险和收益，同时也要兼顾投资机构和企业均衡决策，通过一定的优化计算，给出自己的贷款策略。（2）通过一定的措施降低其对企业的道德风险系数预期值。在一定程度上，需要相关法律法规的配合，增强法律的约束力，加大对由于道德风险而违约的企业的惩处力度，从而降低银行对企业的道德风险系数预期值。（3）提高企业的信用等级。需要尽快完备企业的信用等级评定系统，减少由于企业信用信息的严重缺失而造成的违约风险。此外，作为信用系统的管理者，可以通过控制企业和投资机构的均衡决策，保证信用系统整体产生正增益。并通过审查企业信用品质的变化，及时诊断出该共赢体系总收益效用的变化情况，进而通过一定的内控和外控措施，创造条件，使系统内个体自发自觉、有条不紊、井然有序、相互协调地发展。

需要说明的是，当供应链金融信用体系的三方地位不平等或重要性不相当时，模型（$P_{3.4}$）中的目标函数可表示成三方目标函数的加权形式，其中权重表示各方的重要程度。

此外，在上述模型构建过程中，对持股比例的设计与企业道德风险之间的关系的实证研究表明：从持股比率与企业价值的关系方面来看，第一大股东与第二大股东持股比率对公司治理效率存在着显著的正影响。这说明，无论是第一大股东还是第二大股东，其持股比率的增加都将会促使企业价值下降。而从总资产收益率与持股比率的关系来看，第一大股东与第三大股东持股比率与总资产收益率存在着显著的负关系。而第二大股东却与总资产 ROA 间存在着显著的正关系。这说明，无论是第一大股东还是第三大股东，其持股比率的增加都将会导致企业收益率的下降。而第二大股东持股比率的增加则会改善企业的收益状况。

因此，如果从企业价值方面来看，虽然交叉持股仍然是公司的最主要持股力量，代表多数稳定持股股东。稳定的增加持股比率有助于建立投资信用。因此，中小股东的集中投资能够有力地带动股票价格的上升，从而提高了企业价值，间接助推企业信用影响。然而，由于交叉持股的实质是各经营者间相互制约的手段，对经营者的实际监督力度有效，间接控制经营者避免发生道德风险。另外，交叉持股比率的增长会促使企业代理成本的上升，致使企业收益率的下降。与第一大股东相比较，第二大股东持股比率的增加在提升企业价值的同时，也明显地改善了企业的收益状况。这说明第二大股东可以对第一大股东形成制衡力量，从而使企业经营更加透明，降低代理成本，减少道德风险的发生。此外，很多第三大股东可能还存在着极强的投机动机，会导致投资者的投资期间降低，造成企业经营政策的短期化和非系统化，无法有效地改善公司的治理效率，影响企业信用长期趋稳。

4 辽宁省信用经济综合评价指标体系的构建

4.1 辽宁省信用经济综合评价指标体系构建的必要性分析

建立科学合理的辽宁省信用经济综合评价指标体系是对辽宁省信用经济发展水平进行科学评价的基础和保证。科学的评价指标体系应该是建立在理论基础之上的指标集合，是一个有机的整体，而不能仅仅是指标的简单堆砌和组合。要想评价辽宁省信用经济的发展水平就必须通过一定的指标对其进行描述，而信用经济的发展涵盖了自然、社会、经济等各个方面，单个指标只能反映整体的某一个方面的数量特征，而经济社会现象错综复杂，统计总体往往具有多种特征，因此建立单个指标无法说明问题，必须建立一套涵盖经济、社会和自然等各方面的指标体系，利用一定的评价方法对其发展水平进行评价和预测，才能够为信用经济的发展规划提供决策服务。只有建立了科学合理的辽宁省信用经济发展评价指标体系，才能对辽宁省的信用经济发展水平进行科学的评价，找出发展中存在的问题，校正其发展的方向。

4.2 信用经济综合评价指标体系的内涵和功能

4.2.1 信用经济综合评价指标体系的内涵与特点

在信用经济中最首要的条件就是遵守信用协议，否则，就会产生信用风险。一般情况下，国家信用是最可靠的，除非该国发生了巨大变动，新政府否认前政府的一切债务。企业和居民个人则不同，即便国有企业也不例外。在信用经济不发达的社会里，人们的风险意识较弱，而在信用经济高度发达的国家，一方面信用交易非常活跃，另一方面防范风险意识也特别强，因为金融机构在不掌握对方足够资信的情况下，决不会为对方承担一定范围内的担保义务。在信用发达的国家，风险已成为企业经营目标的构成因素。一个经营项目，一笔贷款，往往收益高，风险也大；收益低，风险也小，两者密切关联。企业往往对预期收益高的项目（或贷款）提取较多的坏账准备金。如果一个金融机构比过去被评低一个资信等级，那么在国外发行债券或取得借款时，就将支付高一个等级的利率和有关费用。

所以，信用经济评价指标体系需要以共赢理念为视角，需要考虑对方利益，以可持续发展合作为准则，综合运用统计、经济和数学方法，对一定的时期内信用经济系统各层次各环节的发展水平和发展趋势进行全面系统的测定和计量，并进行综合评价的一系列指标的总称。所以，信用经济综合评价指标体系是以兼顾局部与整体利益、风险与收益、公平与效率，着重考察在满足局部利益的同时，如何使整体利益达到最大，即实现帕累托最优状态。作为信用活动的主体，使各方合理、积极地良性互动，相互支持，共同合作，力求实现资金资源与其他资源组合的最优配置，通过其内部各机构自发自觉、有条不紊、井然有序和相互协调的信用依存关系，实现整个系统的可持续发展，即在“恪守信用、平等互利、相互支持、共同发展”的共赢信用理念指导下，保证系统内部各部分的利益或效用尽可能大的同时，使整个供应链金融信用体系的总体利益也尽可能最大化。以信用共赢视角基础，构建能够反映辽宁省信用支持体系发展水平评价体系（评价体系包括评价指标体系和评价模型两部分）作为反映信用经济水平的指标体系，该指标体系应该具有以下特点：

（1）指导性。信用经济的实质在于提升区域的可持续良性发展和维持区域的信用经济平衡。信用经济与传统经济相比，其不同之处在于它强调经济活动应该是合作与共赢，是长期发展的闭路式流程，所有授信个体在这个不断进行的信用中得到最合理的利用。失信个体将被孤立，通过制度保障其无法生存，因此基于信用经济的评价指标体系必须体现这一指导性原则。

（2）整体性。信用经济发展系统是一个复杂的大系统，由多个子系统组成，各个子系统有序运行是大系统整体功能发挥的基础，而大系统综合目标最优则是各个子系统发展的目标。信用经济发展综合评价指标体系本质上也是循环经济的基本原则为基础的，结合不同研究对象的特点，定量的评价出信用经济发展水平的指标集合。这种指标集合是从不同侧面，不同层次有关指标的有机组合，而并非指标的简单拼凑堆砌，是一种复杂系统的多指标综合评价，评价指标体系必须从整体出发，将研究对象的个人状况，经济能力，关联环境，社会效益等诸多方面作为一个整体加以考虑。

（3）动态性。动态性表现在两个方面，一是信用经济发展模式作为一个系统不是静止不变的，而是按照一定的方式有序地运动着的。因此信用经济综合评价系统是对该系统动态过程的检测和控制。二是随着人的认识的不断发展，科学技术的发展，社会的进步，大数据时代信息化和云信息的利用，信用经济理论也是不断丰富和发展的，对于社会信用评价指标体系人们也将会不断有新的认识。因此综合评价指标体系应该保持动态性，随着周围的发展而不断发展。

4.2.2 信用经济综合评价指标体系的功能

社会信用经济综合发展综合评价指标体系首先必须能够描述和表征出某一时刻研究对象发展的各方面的现状，变化趋势以及总体综合状况。因此，综合评价指标体系应该具备以下功能：

（1）信息收集功能。综合能力评价指标体系正常运作的前提就是要不断收集大量的有关评价对象的各方面相关信息，如社会效益、违约惩罚、信用再建激励等，然后在此基础上进行比较分析，判断出评价对象的信用经济发展水平。通过对信息的收集过程，使得决策者和有关部门全面了解评价对象的信用发展水平和发展状况。

（2）解释功能。综合评价指标体系能够分析信用的发展状态、变化程度、产生原因的逻辑线索以及相关数据，从而能够做出科学合理的解释。

（3）评价功能。综合评价指标体系根据一定的判断标准，综合判断评价对象的发展状况与信用经济要求的差距，从而从整体上对信用的实际发展状况做出客观的评价。

（4）检测功能。综合评价指标体系能够检测评价对象发展过程中出现的问题及其程度，进而为决策和政策制定提供科学的依据。

（5）预测功能。综合评价指标体系能够预测评价对象未来的发展趋势，使其能在实际出现重大问题前尽早采取应对措施，以防其发展与信用经济发展模式的要求之间渐行渐远。

4.3 信用经济综合评价指标体系的设计原则

信用经济综合评价指标体系的建立，应该力求准确全面地反映和度量评价对象发展信用经济的要求和目标，因此指标的设计应该以以下原则为指导：

（1）科学性原则。信用经济发展综合评价指标体系应该建立在对充分认识，系统研究的科学基础上，对具体指标的概念明确，数据来源真实可靠，数据处理方法得当，且有一定的科学内涵，从而真实客观的反映发展特征，较好的度量信用经济发展的主要目标的实现程度。

（2）代表性原则。要求指标体系涵盖广，能综合地反映评价对象信用经济可持续发展的各个方面。

（3）可操作性原则。指标体系建立的目的主要是针对目前城市信用经济发展进行评测，因此，该指标体系应是一个可操作性强的方案，设计的指标体系要尽可能地利用现有统计数据和便于收集到的数据，对于目前尚不能统计和收集到的数据和资料，暂时不纳入指标体系。

（4）前瞻性原则。评价指标应该反映评价对象发展的趋势，不但能够解释历史的发展状况，还能够为将来的发展提供间接信息。

4.4 辽宁省信用经济综合评价指标体系的建立

4.4.1 指标体系建立的基础

作为辽宁省信用经济综合发展评价指标筛选的典型文献，以下面几方面评级体系为基础：政府信用评价体系有标准普尔（Standard & Poor's）的政府信用评价体系和大公国际资信评级公司的地方政府信用评价体系，这两个评价体系主要侧重于对政府偿债能力和偿债意愿的评价（表 4.1、表 4.2 和图 4.1）。大体来说，应属于狭义的政府信用等级测评体系。企业信用评级体系代表性方法包括判别分析法（Discriminant Analysis），Z-评分系统，综合评价法（Comprehensive Evaluation Method），人工神经网络法，模糊综合评价法。个人信用评价系统在国外属于公共征信系统的一部分，全球有 40 多个国家建立了该系统。具有公共性质的个人征信系统通常习惯地被称为公共的“个人信用信息登记系统”，简称公共征信系统（Public Credit Register，PCR）。1932 年德国首先实施。2006 年 1 月，我国人民银行总行宣布全国统一的个人信用信息基础数据正式运行，当年涉及的自然人数达 3.4 亿人，有信贷记录人数为 3500 万人。个人信用信息基础数据库是各商业银行的信用信息共享平台，主要搜集和保存个人在商业银行的借还款、信用卡、担保等信用信息，以及相关的消费者身份识别信息，商业银行可提供个人信息用信息联网查询服务，用于满足商业银行防范和控制信用风险的需求。录入额度未设门槛，消费者使用过的消费信贷、为人担保、开设过个人结算账户等信息都会录入个人信用基础数据库。此外，在全球还存在有许多私营的个人征信机构，以满足寻求利润的个人信用调查类企业，即“个人征信局”，美国和英国相关个人信用产品大多数由私营性质的个人征信局提供。中诚信、华安、华夏、大公国际、远东、联合资信、新华信以及中国联合信用网、中国企业信用网、中国信用信息网等社会信用中介机构积极开拓个人征信领域。邓白氏、惠誉、科法斯等国外信用机构也积极发展中国市场。目前，机构发展不平衡，竞争无序，缺乏统一的制度管理和业务规范。

表 4.1 标准普尔的政府信用评价体系

维 度	评 估 指 标
政治风险	政治制度的稳定性与合法性、公众政治参与度、领导交接程序、经济政策决策透明度、公共安全、地缘政治风险
收入与经济结构	市场经济程度、收入差别、金融部门调节资金信贷效果、非金融私营部门的竞争性与营利性、公共部门效率、非市场因素影响、经济增长的速度和结构

续表 4.1

维　度	评　估　指　标
经济增长前景	储蓄投资的总量与结构、经济增长的速度与结构
财政弹性	中央及地方政府收支与盈余/赤字趋势、收入弹性与效率、支出效果与压力、预算报告的适用范围与透明度、养老金的责任约束
中央及地方政府的债务负担	中央及地方政府总债务与净债务占比、收入利息支付比率、债务币种的构成与到期结构、本币资本市场的深度与广度
境外负债与或有债务	非金融公共部门企业的规模与活力、金融部门活力
货币稳定性	经济周期中的价格表现、货币或信用扩张、汇率制度与货币目标的协调性、制度因素、货币政策的适用范围和效果
对外流动性	财政货币政策对境外账户的影响、经常项目构成、资本流动构成、储备适当性
公共部门的外债负担	公共部门的总外债和净外债规模及占比、债务比重构成与到期日、债务比重对利率变动的敏感性、获得优惠资金的机会、偿还债务的负担
私营部门的外债负担	金融部门的总外债和净外债规模及占比、非金融部门的总外债和净外债规模及占比、债务币种构成与到期日、债务币种对利率变动的敏感性、获得优惠资金的机会、偿还债务的负担

资料来源：根据范柏乃等著《政府信用与绩效》整理。

表 4.2　大公国际的地方政府信用评级体系

维　度	评　估　指　标
宏观经济环境	宏观与区域经济运行、宏观经济政策
地区经济环境	资源禀赋及地区在国家及区域发展中的地位、经济发展水平、产业结构、制度环境
地方财政状况	地方财政运行机制、地方财政运行情况、财政收支分析、其他政府资源
地方政府债务	刚性债务、刚性债务占建设性总支出的比重、刚性债务占本级财政总收入的比重、债务偿还结构
地方政府治理	政府管理水平与效率、政府换届风险
地方政府信用记录	近 5~10 年内地方政府履约情况

资料来源：根据范柏乃等著《政府信用与绩效》整理。

4.4.2　指标框架体系

按照系统复合理论，城市信用经济发展是一个由经济系统、科技系统、环境系统、社会系统组成的复合系统。遵循上述原则，本节构建了目标层、准则层、指标层三个层次的指标体系框架。

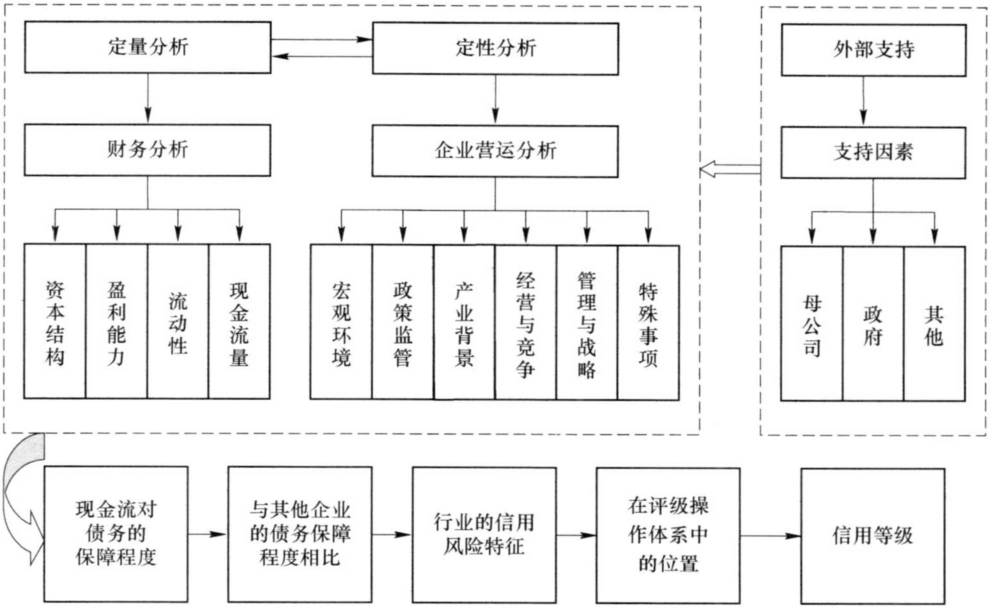

图 4.1 大公国际资信评级有限公司的企业基本评级流程图

(1) 目标层。为了定量地反映城市的信用经济发展状态和发展差异，目标层—助推辽宁省振兴与和谐发展的信用支持综合评价指标体系。该评价体系是城市在发展信用经济过程中政府信用、企业信用、社会文明、个人守信等的综合体现。

(2) 准则层。为了进一步反映城市在发展信用经济过程中各子系统对信用经济发展的综合值的影响，本文设计了区域经济发展水平、政府信用水平、企业信用水平、科技教育服务、传媒形象和个人信用发展水平等 6 个评价准则。

信用经济系统反映产业结构优化、经济效益提高、人民收入提高；政府信用制度发展、政府功能信用、政府信誉反映政府信用；企业商业信用发展水平系统主要反映企业信用质量提高；科技教育服务主要反映城市公共信用普及能力；传媒形象系统主要反映城市地方新闻和广告中虚假情况等。

(3) 指标层。指标层是描述城市在发展信用经济过程中的一组基础性指标。本节主要参考标准普尔和大公国际资信评级的设计思路作为辽宁省信用经济发展评价指标筛选的典型文献，并采用频度统计法和理论分析法进行取舍补充。筛选包含生产总值、GDP 年增幅、CPI 年增幅、第三产业比重、金融机构各项贷款年增幅、中长期贷款占金融机构各项贷款比重、地方政府债务占比、消费弹性系数等共计 36 个指标的信用经济发展评价指标体系。

4.4.3　信用经济发展评价指标的筛选

（1）根据权威机构典型指标频率原则筛选 GDP、CPI 等 18 个指标。根据权威机构信用经济发展评价指标体系中出现过的高频率指标筛选了 GDP、人均 GDP、CPI 等 18 个指标。

（2）根据可操作性原则筛选第三产业占 GDP 比重等 12 个指标。在实际操作中数据的可获性和指标量化的难易程度，力求指标含义清晰、明确和指标数据的易获取性。筛选了第三产业占 GDP 比重、城镇登记失业人数等 12 个指标。

（3）根据全面性和代表性原则筛选消费弹性系数等 6 个指标。以代表性较强、较全面的指标反映最大的区域经济发展的信息，不仅可减少评价工作量，而且能确保评价结果的评估精度。因此筛选了消费弹性系数等 6 个指标。

4.4.4　信用经济发展评价指标体系构建

根据 4.4.1 节的指标构建基础和 4.4.3 节的指标筛选，本节建立了包含区域经济发展水平、政府信用水平、企业商业信用水平、科技教育服务、传媒形象和个人信用发展水平等 6 个评价准则，筛选包含生产总值、GDP 年增幅、CPI 年增幅、第三产业比重、金融机构各项贷款年增幅、中长期贷款占金融机构各项贷款比重、地方政府债务占比、消费弹性系数等共计 36 个指标的信用经济发展评价指标体系。

辽宁省信用经济评价指标体系，如表 4.3 所示。

表 4.3　辽宁省信用经济评价指标体系

目标层	准则层	指　标　层	指标类型
辽宁省经济信用支持综合评价指标体系	X1 经济发展水平	X11 GDP（亿元）	正向指标
		X12 人均 GDP（元）	正向指标
		X13 GDP 增长速度（%）	正向指标
		X14 制造业占 GDP 比重（%）	正向指标
		X15　CPI 年增幅（%）	负向指标
		X16 第三产业增加值（万元）	正向指标
	X2 政府信用水平	X21 政府专门信用管理机构（个）	正向指标
		X22 行政支出占财政支出比例（%）	负向指标
		X23 地方政府债务余额（亿元）-辽宁	负向指标
		X24 行政复议案件占法律诉讼代理比例（%）	负向指标
		X25 公务员中本科及以上学历人数占比（%）	正向指标

续表 4.3

目标层	准则层	指 标 层	指标类型
辽宁省经济信用支持综合评价指标体系	X3 企业信用水平	X31 获得“守信用”称号企业数量占区域企业比例（%）	正向指标
		X32 工商部门受理的投诉案件占比	负向指标
		X33 存在拖欠税款的通报企业数量（个）-估计	负向指标
		X34 中长期贷款占金融机构各项贷款比重（%）	负向指标
		X35 应收票据总额（万元）	负向指标
		X36 金融机构各项贷款年均增幅（%）	负向指标
		X37 应付股利（万元）	正向指标
	X4 传媒信用影响水平	X41 地区广播对中央方针政策报到时间占比（%）	正向指标
		X42 群众对新闻媒体投诉总数（件）	负向指标
		X43 文化建设惠民工程数目（件）	正向指标
		X44 反映民生的电视广播新闻节目数（个）	正向指标
		X45 虚假广告播出时间占广告时间比例（%）	负向指标
		X46 移动电话普及率（%）	正向指标
		X47 宽带接入用户（万户）	正向指标
	X5 个人信用发展水平	X51 城市居民可支配收入（元）	正向指标
		X52 农村居民家庭纯收入（元）	正向指标
		X53 恩格尔系数	负向指标
		X54 个人信用违约数量（次）	负向指标
		X55 城市登记失业率（%）	负向指标
		X56 离婚率（%）	负向指标
	X6 科技教育服务影响	X61 信用课程占大学课程比率（%）	正向指标
		X62 慈善捐款数额（万元）	正向指标
		X63 科教拨款占财政拨款的比重（%）	正向指标
		X64 失信惩罚政策法规数目（条）	正向指标
		X65 社会保障和就业占财政支出比重（%）	正向指标

5 基于循环修正思路的辽宁省信用经济综合评价方法研究

采用循环修正的思路，构建评价方法体系。一是采用多种方法进行综合评价。例如，用 AHP 法、标准离差法、熵权法等方法对辽宁省的信用经济发展状况进行综合评价。二是一致性检验。利用肯德尔和谐系数，对上述方法得到评价结果进行一致性检验。三是评价结果的循环修正。利用平均值法、Boarda 法、Compeland 法等方法对通过一致性检验的评价结果进行修正，得到合理的评价结果，解决不同方法的评价结果相互矛盾的问题，提高评价的正确性和合理性。

5.1 辽宁省信用经济综合评价指标标准化方法研究

构建的辽宁省区域经济发展评价指标体系中有两个指标。一类是正向指标，指的是指标数值越大就表明辽宁省信用经济发展水平越高，比如人均 GDP、科教拨款占财政支出比例、第三产业增加值等指标。一类是负向指标，指的是指标数值越小就表明辽宁省信用经济发展水平越高，比如恩格尔系数、离婚率等指标。此外，不同评价指标的单位不同，比如%、元、个等，这些不同的指标单位都影响了不同指标之间的数值比较的合理性。为了消除指标单位的影响和指标正负向的影响，本节采取隶属度打分法对评价指标进行打分。

（1）正向指标的规范化。

设：x_{ki}为第 i 个评价年第 k 个指标规范化处理后的值；V_{ki}为第 i 个评价年第 k 个指标的值；n 为被评价年的年数。

根据正向指标的打分公式，则 x_{ki}为：

$$x_{ki} = \frac{V_{ki} - \min\limits_{1 \leq i \leq n}(V_{ki})}{\max\limits_{1 \leq i \leq n}(V_{ki}) - \min\limits_{1 \leq i \leq n}(V_{ki})} \tag{5.1}$$

式（5.1）的经济学含义为第 k 个指标值与最小值的偏差相对于最大值与最小值偏差的相对距离。偏差越大距离越大规范化处理后值越高。

（2）负向指标的规范化。

设：x_{ki}为第 i 个评价年第 k 个指标规范化处理后的值；V_{ki}为第 i 个评价年第 k 个指标的值；n 为被评价年的年数。

根据负向指标的打分公式，则 x_{ki} 为：

$$x_{ki} = \frac{\max\limits_{1 \leqslant i \leqslant n}(V_{ki}) - V_{ki}}{\max\limits_{1 \leqslant i \leqslant n}(V_{ki}) - \min\limits_{1 \leqslant i \leqslant n}(V_{ki})} \tag{5.2}$$

式（5.2）与式（5.1）有相同的经济学含义。

5.2 指标赋权方法研究

5.2.1 主观赋权方法研究

主观赋权法是研究者根据其主观价值判断来指定各指标权数的一种方法。用主观赋权法主要有层次分析法、G1 法等，本研究采用层次分析法（AHP）法对评价指标进行主观赋权。

层次分析法（The Analytic Hierarchy Process，AHP），是 20 世纪 70 年代由美国运筹学家 T. L. Saaty 提出。层次分析法是一种定性分析和定量分析相结合的系统分析方法，其特点是指标权重反映了专家意见。层次分析法确定评价指标体系各指标权重的方法的主要步骤：

（1）指标层对准则层的权重。

运用标度法构造判断矩阵，并用特征向量法求权重。则每个准则层下第 k 个指标的权重 v_k 为：

$$v_k = v'_k \Big/ \sum_{k=1}^{M} v'_k \tag{5.3}$$

式中，v_k 为准则层下第 k 个指标对该准则层的权重；v'_k 为判断矩阵最大特征值所对应的第 k 个特征向量；M 为准则层下指标的个数。

对结果进行一致性检验，检验通过，则权重分配合理。否则，重新构造判断矩阵求权重。

（2）指标层对总目标层的权重。

设：ρ_k 为第 j 个准则层下第 k 个指标对总目标的权重；v_k 为第 j 个准则层下第 k 个指标对第 j 个准则层的权重；$v^{(j)}$ 为第 j 个准则层对总目标的权重。（$j=1, 2, \cdots, M$；$k=1, 2, \cdots, M$）。

根据指标对总目标的权重计算公式，则 ρ_k 为：

$$\rho_k = v_k v^{(j)} \tag{5.4}$$

5.2.2 客观赋权方法研究

客观赋权法是直接根据指标的原始信息，通过统计方法处理后获得权数的一种方法。常用的客观赋权方法有标准离差法、熵权法等方法。

（1）标准离差法。标准离差法确定权重是一种依据指标数据标准差大小确定该指标权重大小的客观赋权方法。

$$\alpha_i = \sigma_i \Big/ \sum_{i=1}^{n} \sigma_i \tag{5.5}$$

式中，α_i 为第 i 个指标对目标层的标准离差权重；σ_i 为第 i 个指标数据的标准差，可由式（5.6）计算。

$$\sigma_i = \sqrt{\frac{1}{n}\sum_{k=1}^{n}(x_{ki} - \bar{x}_i)^2} \tag{5.6}$$

式中，$\bar{x}_i$ 为第 i 个指标数据评分的均值；x_{ki} 为第 i 个指标第 k 个评价对象指标数据。

通过式（5.5）计算权重的特点是权重信息来源于评价指标的原始数据，避免了人为因素的影响。

标准离差法的赋权原理是要根据各个指标在所有被评价对象上观测值的变异程度大小来对其赋权。标准差越大的指标对综合评价的影响就越大，标准差越小的指标对综合评价的影响就越小，权重大小体现了指标分辨能力的大小。

（2）熵权法。熵权法是通过指标数据的变化大小确定指标权重的客观赋权方法。其计算步骤如下：

1）计算各指标熵值。

设：v_{ij}（$i=1, 2, \cdots, n$；$j=1, 2, \cdots, m$）为第 i 个评价对象中的第 j 项指标的观测数据，由式（5.7）计算该观测数据的特征比重 f_{ij}：

$$f_{ij} = \frac{v_{ij}}{\sum_{i=1}^{n} v_{ij}} \tag{5.7}$$

则该观测数据的熵值 e_j：

$$e_j = -\frac{1}{\ln(n)}\sum_{i=1}^{n} f_{ij}\ln(f_{ij}) \tag{5.8}$$

式中，$\sum_{i=1}^{n} v_{ij}$ 表示第 j 项指标的观测数据之和。

2）计算各指标的熵权。

设：γ_j 为第 j 个指标的熵权，则：

$$\gamma_j = (1 - e_j)/(m - \sum_{i=1}^{m} e_i), \quad j = 1, 2, \cdots, m \tag{5.9}$$

通过式（5.9）计算熵权的特点是通过指标观测数据的变化确定指标权重，不受人为因素的影响。

客观赋权的弊端：一是这种赋权方法过分依赖于实际的问题，因而通用性和评价者的可参与性较差，不能体现评价者对不同指标的重视程度。二是赋权结果容易受指标样本随机误差的影响，样本的变化可能导致权重的变化，造成权重的不稳定。

5.3 评价结果排序及排名的循环修正

设：P_i 为第 i 个系统的综合评价得分，根据线性加权综合评价公式，则 P_i 为：

$$P_i = \sum_{j=1}^{n} p_{ij} w_j \tag{5.10}$$

其中，p_{ij}是评价指标规范化得分；w_j 是第 j 个评价指标的组合权重。

根据式（5.10）计算的评价结果可以对评价结果进行排名。

5.3.1 评价结果排序和一致性检验

（1）多种方法计算的评价结果的不同排序。不妨假设 L 种方法下得到的评价结果排序如式（5.11）所示：

$$\begin{cases} x_1^{(1)} > x_2^{(1)} > \cdots > x_m^{(1)} \\ \qquad\qquad \cdots \\ x_1^{(L)} > x_2^{(L)} > \cdots > x_m^{(L)} \end{cases} \tag{5.11}$$

其中，$x_k^{(i)}$ 为第 i 种方法得到的排序中排在第 k 位的评价对象。

（2）指标重要性排序的肯德尔和谐系数检验。为了更好地统一多种赋权方法的意见，贯彻少数服从多数的群体决策思想，通过肯德尔和谐系数对不同排序进行一致性检验。

设：有 L 种评价方法对 N 个不同评价对象进行评价，评价结果排序，R_{ij}表示第 j 种方法对第 i 个评价对象的排名，$1 \leqslant R_{ij} \leqslant N$（$i=1, 2, \cdots, N, j=1, 2, \cdots, L$）。则肯德尔和谐系数 W：

$$W = \frac{S}{\frac{1}{12}L^2(N^3 - N)} = \frac{\sum_{i=1}^{N} R_i^{\,2} - (\sum_{i=1}^{N} R_i)^2/N}{\frac{1}{12}L^2(N^3 - N)} \tag{5.12}$$

其中：$R_i = \sum_{j=1}^{L} R_{ij}$ 为第 i 个指标的 L 个专家排序之和；S 为每个指标的排序之和 R_i 与所有这些排序之和的平均数的离差平方和。

5.3.2 对不同排序的循环修正

（1）平均值法：

1）排名的分数转换。用排序打分法将每种方法排名转换成分数 R_{ij}：

$$R_{ij} = n - r_{ij} + 1 \tag{5.13}$$

其中，i 为第 i 个评价对象（$i=1, 2, \cdots, m$），j 为第 j 种评价方法（$j=1, 2,$

…，L)，r_{ij}为第 i 个评价对象在第 j 种评价方法下的排序中的排名。

2）均值法指标得分计算。均值法指标的得分的表达式为：

$$\bar{R}_i = \frac{1}{m}\sum_{j=1}^{m} R_{ij} \tag{5.14}$$

式中，$\bar{R}_i$ 为第 i 个评价对象均值法得分；R_{ij}为排名的分数。

3）均值法二次排序。按均值方法的得分 $\bar{R}_i$ 的大小重新进行排名，数值大的排名高，反之，排名低。

若有两个指标的得分 $\bar{R}_i=\bar{R}_j$，则通过计算不同得分的标准差确定指标排序。

$$\sigma_i = \sqrt{\frac{1}{m}\sum_{j=1}^{m}(R_{ij} - \bar{R}_i)^2}, \quad i = 1,\ 2,\ \cdots,\ n \tag{5.15}$$

若 $\sigma_i \neq \sigma_j$，则按照得分的标准差 σ_i 的大小进行排名，σ_i 越小则排名高。

若 $\sigma_i=\sigma_j$，则 i 和 j 两个指标的排名相同。

（2）Boarda 法。Boarda 法是一种少数服从多数的方法。若评价认为指标 i 优于指标 j 的个数大于指标 j 优于指标 i 的个数，记为 x_iSx_j。

定义 Boarda 矩阵 $B=(b_{ij})_{n\times n}$，其中：

$$b_{ij} = \begin{cases} 1 & x_iSx_j \\ 0 & \text{其他} \end{cases} \tag{5.16}$$

指标 i 的 Boarda 得分的计算公式：

$$B_i = \sum_{j=1}^{n} b_{ij} \tag{5.17}$$

按得分值 B_i 的大小重新进行排名，数值大的排名高，反之，排名低。

若有两个评价对象的得分 $B_i=B_j$，标准差 σ_i 小者为优。

（3）Compeland 法。Compeland 法是一种区分“优”和“劣”的方法。若评价认为指标 i 优于指标 j，记为 x_iSx_j。若评价认为对象 i 劣于对象 j，记为 x_jSx_i。若评价认为对象 i 和对象 j 相等，记为零。

定义 Compeland 矩阵 $C=(c_{ij})_{n\times n}$，其中：

$$c_{ij} = \begin{cases} 1 & x_iSx_j \\ 0 & \text{其他} \\ -1 & x_jSx_i \end{cases} \tag{5.18}$$

指标的 Compeland 得分的计算公式：

$$C_i = \sum_{j=1}^{n} c_{ij} \tag{5.19}$$

按得分值 C_i 的大小重新进行排名，数值大的排名高，反之，排名低。

若有两个指标的得分值 $C_i=C_j$，标准差 σ_i 小者为优。

5.3.3 理想排序和组合权重的确定

理想排序的确定。通过 5.3.2 节的平均值法、Boarda 法和 Compeland 法对不同赋权方法下的评价结果排序进行循环修正，得到完全一致的排序，即理想排序。

组合权重的确定。根据不同排序和理想排序之间的相关性大小可以分配不同赋权方法的权重，从而得到最终的组合权重。

设：W_{11}为 AHP 法确定排序和理想排序的肯德尔和谐系数；W_{12}为标准离差法确定排序和理想排序的肯德尔和谐系数；W_{13}为熵权法确定排序和理想排序的肯德尔和谐系数。β 为 AHP 权向量；α 为标准离差权向量；γ 为熵权向量；w 为组合权向量。

AHP 权重、标准离差法权重和熵权三种权重的权重分配之比为：$W_{11} : W_{12} : W_{13}$，进行归一化后为：$W_{11}/(W_{11}+W_{12}+W_{13}) : W_{12}/(W_{11}+W_{12}+W_{13}) : W_{13}/(W_{11}+W_{12}+W_{13})$。

组合权向量：

$$w = W_{11}/(W_{11} + W_{12} + W_{13})\beta + W_{12}/(W_{11} + W_{12} + W_{13})\alpha + W_{13}/(W_{11} + W_{12} + W_{13})\gamma \tag{5.20}$$

根据式（5.20）就可以获得评价指标的组合权重。

式（5.20）特点一是综合了不同赋权方法的权重信息，二是对不同的权重向量进行了新的权重分配，分配原则是客观的。通过比较各种单一赋权方法得到的评价结果排序和理想排序的相关性大小获得。

6 辽宁省信用经济综合发展水平实证研究

6.1 评价对象的选取和数据来源

为了对辽宁省 2009~2013 年的信用综合发展水平进行评价，需要辽宁省 2009~2013 年的信用综合发展指标数据，其数据通过 2010~2014 年辽宁省统计局网站和相关行政职能网站公开数据整理汇总。

其中，某些指标是通过统计年鉴中直接数据或相关指标经过计算而得到，比如辽宁省恩格尔系数即通过食品支出总额占个人消费总额的比重，由于 2014 年 1 月统计局公布的数据中未见个人消费总额数据，因此用食品零售总额与消费品零售总额之比得到该指标，作为替代数据。此外，应付股息数据选取 12 家上市企业的应付股息数据进行汇总得到的，它们包括：沈阳机床、烯碳新材、东北电气、东北制药、合金投资、万方发展、惠天热电、沈阳化工、中兴商业、铁岭新城、奥维通信和博林特。所有评价指标的数据列入表 6.1。

表 6.1 评价指标数据及权重

(1) 序号	(2) 指标	原始数据			标准化数据				
		(3) 2009 年	…	(7) 2013 年	(8) 2009 年	(9) 2010 年	(10) 2011 年	(11) 2012 年	(12) 2013 年
1	GDP（亿元）	15212.5	…	27077.7	0.000	0.230	0.553	0.875	1.000
2	人均 GDP（元）	35149	…	61686	0.000	0.257	0.616	0.869	1.000
3	GDP 增长速度（%）	11.4	…	8.7	0.005	0.776	1.000	0.431	0.000
4	制造业占 GDP 比重（%）	45.3	…	52.7	0.711	1.000	0.378	0.000	0.511
5	CPI 年增幅（%）	0.3	…	2.4	0.000	0.327	0.682	0.136	1.000
6	第二产业增加值（亿元）	7906.34	…	14269.46	0.000	0.281	0.520	0.768	1.000
7	政府专门信用管理机构（个）	1	…	31	0.000	0.383	0.933	0.958	1.000
8	行政支出占财政支出比例（%）	23.29	…	22	1.000	1.000	1.000	0.000	0.022
9	地方政府债务余额（亿元）-辽宁	0	…	7590.87	0.000	0.237	0.000	0.354	0.409

续表 6.1

(1) 序号	(2) 指标	原始数据			标准化数据				
		(3) 2009 年	…	(7) 2013 年	(8) 2009 年	(9) 2010 年	(10) 2011 年	(11) 2012 年	(12) 2013 年
10	行政复议案件占法律诉讼代理比例（%）	8.987	…	4.49	0.719	1.000	0.221	0.401	0.000
11	公务员中本科及以上学历人数占比（%）	11.97	…	19.68	0.808	0.603	0.000	0.095	1.000
12	获得“守信用”称号企业数量占区域企业比例（%）	1.47	…	0.13	1.000	0.100	0.333	0.967	0.000
13	工商部门受理的投诉案件占比（%）	0	…	14	0.000	0.090	0.299	0.782	1.000
14	存在拖欠税款的通报企业数量（个）-估计	1457	…	1494	1.000	0.611	0.000	0.490	0.802
15	中长期贷款占金融机构各项贷款比重（%）	44.14	…	38.05	0.613	0.596	0.492	1.000	0.000
16	应收票据总额（亿元）	957.6	…	792.7	0.000	0.222	0.344	0.751	1.000
17	金融机构各项贷款年均增幅（%）	57.2	…	12.8	0.000	0.472	0.817	0.064	1.000
18	应付股利（万元）	1194.68	…	1206.3	1.000	0.442	0.353	0.294	0.000
19	地区广播对中央方针政策报到时间占比（%）	4.167	…	4.167	0.500	0.500	0.500	0.500	0.500
20	群众对新闻媒体投诉总数（件）	3	…	10	1.000	0.654	0.075	0.215	0.000
21	文化建设惠民工程数目（件）	23585	…	23010	1.000	0.631	0.327	0.259	0.000
22	反映民生的电视广播新闻节目数（个）	23	…	33	0.237	0.450	0.000	0.673	1.000
23	虚假广告播出时间占广告时间比例（%）	20.8	…	16.67	0.000	0.109	0.927	1.000	0.884
24	移动电话普及率（%）	104.3	…	123	0.000	0.143	0.536	0.862	1.000
25	宽带接入用户（万户）	123.1	…	151.1	0.000	1.000	0.941	0.897	0.997
26	城市居民可支配收入（元）	15761.4	…	25578.2	0.000	0.171	0.450	0.751	1.000

续表 6.1

(1) 序号	(2) 指标	原始数据			标准化数据				
		(3) 2009 年	…	(7) 2013 年	(8) 2009 年	(9) 2010 年	(10) 2011 年	(11) 2012 年	(12) 2013 年
27	农村居民家庭纯收入(元)	4338.4	…	7040.5	0.000	0.213	0.516	0.791	1.000
28	恩格尔系数	38.0	…	32.2	0.882	0.176	0.471	0.000	1.000
29	个人信用违约数量(次)	3.23	…	2.67	0.000	0.284	0.860	0.780	1.000
30	城市登记失业率(%)	3.14	…	3.03	0.000	0.264	0.873	0.959	1.000
31	离婚率(%)	17	…	18.7	1.000	0.546	0.414	0.539	0.000
32	信用课程占大学课程比率(%)	1	…	5	0.000	0.091	0.229	0.835	1.000
33	慈善捐款数额(万元)	1505	…	1275.3	1.000	0.110	0.087	0.675	0.000
34	科教拨款占财政拨款的比重(%)	12.93	…	13.68	0.000	0.112	0.046	0.967	1.000
35	失信惩罚政策法规数目(条)约	50	…	150	0.000	0.058	0.147	0.906	1.000
36	社会保障和就业占财政支出比重(%)	19.31	…	16.84	1.000	0.000	0.000	0.333	0.000

6.2 评价指标数据的标准化处理

(1) 正向指标的标准化。GDP 指标的标准化，把表 6.1 第 1 行第 (3)~(7) 列的数据代入式 (5.1) 得 2009 年 GDP 的标准化值 x_{11} = (15212.5−15212.5)/(27077.7−15212.5)= 0。列入表 6.1 第 1 行第 (8) 列。

同理，把表 6.1 第 1 行第 (3)~(7) 列的数据代入式 (5.1) 得 2010~2013 年 GDP 标准化处理后的值。列入表 6.1 第 1 行第 (9)~(12) 列。

同理，把表 6.1 中各正向指标每年的数值代入式 (5.1) 得各正向指标标准化处理后的值。列入表 6.1 第 (8)~(12) 列各正向指标对应的各行。

(2) 负向指标的标准化。城市登记失业率的标准化，把表 6.1 第 30 行第 (3)~(7) 列的数据代入式 (5.2) 得 2009 年城市登记失业率标准化处理后的值 x_{55} = (3.14−3.14)/(3.14−3.03)= 0。列入表 6.1 第 30 行第 8 列。

同理，把表 6.1 第 30 行第 (3)~(7) 列的数据代入式 (5.2) 得 2009~2013 年城市登记失业率标准化处理后的值。列入表 6.1 第 30 行第 (9)~(12) 列。

同理，把表 6.1 各负向指标每年的数值代入式 (5.2) 得各负向指标标准化处理后的值。列入表 6.1 第 (8)~(12) 列各负向指标对应的各行。

6.3 指标权重的确定

6.3.1 AHP 法计算主观权重

（1）准则层对目标层的权重计算。根据专家意见，确定辽宁省信用综合发展水平的 6 个评价准则的重要性排序为：区域经济发展>政府信用发展水平>企业信用发展水平>传媒信用影响水平>个人信用发展水平>科技教育服务影响水平。信用经济发展综合评价指标体系的 6 个准则的专家判断矩阵 A 如表 6.2 所示。

表 6.2 6 个准则层相对于目标层的判断矩阵 A

（1）序号	（2）A	（3）X_1	（4）X_2	（5）X_3	（6）X_4	（7）X_5	（8）X_6	（9）权重 $v^{(j)}$
1	X_1	1	1	2	2	2	3	0.2589
2	X_2	1	1	2	2	2	3	0.2589
3	X_3	1/2	1/2	1	1	1	2	0.1357
4	X_4	1/2	1/2	1	1	1	2	0.1357
5	X_5	1/2	1/2	1	1	1	2	0.1357
6	X_6	1/3	1/3	1/2	1/2	1/2	1	0.0750

设：$v'^{(0)}$ 为矩阵 A 的最大特征值对应的特征向量；$v^{(j)}$ 为第 j 个准则相对于目标层的权重，（$j=1, 2, \cdots, 6$）。

利用 Matlab 软件 eig 函数求得 $v'^{(0)}=(0.5864, 0.5864, 0.3073, 0.3073, 0.3073, 0.1699)$。

把 $v'^{(0)}$ 代入式（4.3）得第 1 个准则层区域经济发展相对于目标层的权重 $v^{(1)}=0.5864/[0.5864+0.5864+\cdots+0.1699]=0.2589$。列入表 6.2 第 1 行第（9）列。

同理，把 $v'^{(0)}$ 代入式（5.3）得其他各准则层相对于目标层的权重。列入表 6.2 第 2~6 行第（9）列。

根据一致性条件，权重分配通过一致性检验。

（2）信用经济发展水平准则下指标权重确定。根据专家意见，信用经济发展水平准则下指标的判断矩阵 A_1 如表 6.3 第 2~7 行第（4）~（9）列所示。

设：$v'^{(1)}$ 为判断矩阵 A_1 的最大特征值所对应的特征向量；v_k 为第 k 个指标相对于该准则的权重向量。

利用 Matlab 命令 eig 求得 $v'^{(1)}=(0.6210, 0.6210, 0.3780, 0.2341, 0.1473, 0.0973)$。

把 $v'^{(1)}$ 代入式（5.3）得第 1 个指标 GDP 相对于信用经济发展水平准则的权重 $v_{11}=0.6210/(0.6210+0.6210+0.3780+0.2341+0.1473+0.0973)=0.2959$。列入表 6.3 第 2 行第（11）列。

同理，把 $v'^{(1)}$ 代入式（5.3）得该准则层下其他指标相对于该准则的权重。列入表 6.3。

根据一致性条件，权重分配通过检验。

表 6.3 各准则层下指标的判断矩阵 A_i 和权重

(1) 序号	(2)	(3)	(4)	(5)	(6)	(7)	(8)	(9)	(10)	(11)
1	X1 区域经济发展水平	A1	X11	X12	X13	X14	X15	X16		权重 v_k
2		X11	1	1	2	3	4	5	—	0.2959
3		X12	1	1	2	3	4	5	—	0.2959
4		X13	1/2	1/2	1	2	3	4	—	0.1801
5		X14	1/3	1/3	1/2	1	2	3	—	0.1115
6		X15	1/4	1/4	1/3	1/2	1	2	—	0.0702
7		X16	1/5	1/5	1/4	1/3	1/2	1	—	0.0464
8	X2 政府信用发展水平	A2	X21	X22	X23	X24	X25			权重 v_k
9		X21	1	2	2	3	4	—	—	0.3721
10		X22	1/2	1	1	2	3	—	—	0.2155
11		X23	1/2	1	1	2	2	—	—	0.1978
12		X24	1/3	1/2	1/2	1	2	—	—	0.1226
13		X25	1/4	1/3	1/2	1	1			0.0920
14	X3 企业信用发展水平	A3	X31	X32	X33	X34	X35	X36	X37	权重 v_k
15		X31	1	2	2	3	4	5	6	0.3245
16		X32	1/2	1	1	2	3	4	5	0.2061
17		X33	1/2	1	1	2	2	3	4	0.1799
18		X34	1/3	1/2	1/2	1	1	2	3	0.1040
19		X35	1/4	1/3	1/2	1	1	1	2	0.0806
20		X36	1/5	1/4	1/3	1/2	1	1	2	0.0642
21		X37	1/6	1/5	1/4	1/3	1/2	1/2	1	0.0407
22	X4 传媒媒体影响水平	A4	X41	X42	X43	X44	X45	X46	X47	权重 v_k
23		X41	1	2	2	3	4	5	6	0.3245
24		X42	1/2	1	1	2	3	4	5	0.2061
25		X43	1/2	1	1	2	2	3	4	0.1799
26		X44	1/3	1/2	1/2	1	1	2	3	0.1040
27		X45	1/4	1/3	1/2	1	1	1	2	0.0806
28		X46	1/5	1/4	1/3	1/2	1	1	2	0.0642
29		X47	1/6	1/5	1/4	1/3	1/2	1/2	1	0.0407

续表 6.3

(1) 序号	(2)	(3)	(4)	(5)	(6)	(7)	(8)	(9)	(10)	(11)
30	X5 个人信用发展水平	A5	X51	X52	X53	X54	X55	X56		权重 v_k
31		X51	1	1	2	3	4	5	—	0.2959
32		X52	1	1	2	3	4	5	—	0.2959
33		X53	1/2	1/2	1	2	3	4	—	0.1801
34		X54	1/3	1/3	1/2	1	2	3	—	0.1115
35		X55	1/4	1/4	1/3	1/2	1	2	—	0.0702
36		X56	1/5	1/5	1/4	1/3	1/2	1	—	0.0464
37	X6 科教服务影响水平	A6	X61	X62	X63	X64	X65	—	—	权重 v_k
38		X61	1	2	2	3	3	—	—	0.3697
39		X62	1/2	1	1	2	2	—	—	0.2085
40		X63	1/2	1	1	1	2	—	—	0.1831
41		X64	1/3	1/2	1	1	1	—	—	0.1284
42		X65	1/3	1/2	1/2	1	1			0.1103

(3) 区域经济发展水平、政府信用发展水平、企业信用发展水平、传媒信用影响水平、个人信用发展水平、科技教育服务影响水平各准则下指标权重计算。根据专家意见，信用经济发展水平、政府信用发展水平、企业信用发展水平、传媒信用影响水平、个人信用发展水平和科技教育服务影响水平各准则下指标的判断矩阵如表 6.3 各准则的对应行列所示。

根据区域经济发展水平准则下指标权重的确定方法，同理可得政府信用发展水平、企业信用发展水平、传媒信用影响水平、个人信用发展水平和科技教育服务影响各准则下指标的权重。列入表 6.3 第（11）列各指标对应行。

(4) 各指标对目标层的权重计算。将表 6.3 第 2 行第（11）列 GDP 相对于区域经济发展水平准则层的权重 v_{11} 和表 6.2 第 1 行第（9）列区域经济发展水平准则相对于目标层的权重 $v^{(1)}$ 代入式（5.4），得 GDP 相对于目标层的权重 $\rho_1 = 0.2959 \times 0.2589 = 0.0766$。列入表 6.4。

同理，将表 6.3 第 11 列其他各指标相对于所在准则层的权重 v_k 和表 6.2 第 1 行第（9）列其他准则层相对于目标层的权重 $v^{(j)}$ 代入式（5.4），得其他各指标相对于目标层的权重 ρ_k。列入表 6.4。

6.3.2 标准离差法求指标权重

将表 6.1 第 1~36 行第（8）~（12）列的数据代入式（5.5）和式（5.6）计算评价指标的标准离差权重，列入表 6.4。

6.3.3　熵权法求指标权重

将表6.1第1~36行第（8）~（12）列的数据代入式（5.7）~式（5.9）计算评价指标的熵权，列入表6.4。

表6.4　指标权重及组合权重

序号	指标	AHP权重	标准离差权重	熵权	组合权重	准则内排序	总排序
1	X11 GDP（亿元）	0.0766	0.0282	0.0198	0.0494	1	2
2	X12 人均GDP（元）	0.0766	0.0279	0.0152	0.0489	2	3
3	X13 GDP增长速度（%）	0.0466	0.0301	0.1148	0.0453	3	4
4	X14 第三产业占GDP比重（%）	0.0289	0.0250	0.0004	0.0245	4	18
5	X15 CPI年增幅（%）	0.0182	0.0274	0.0067	0.0213	5	27
6	X16 第三产业增加值（万元）	0.0120	0.0263	0.0164	0.0189	6	30
7	X21 政府专门信用管理机构（个）	0.0963	0.0298	0.0002	0.0573	1	1
8	X22 行政支出占财政支出比例（%）	0.0558	0.0363	0.0001	0.0419	2	6
9	X23 地方政府债务余额（亿元）-辽宁	0.0512	0.0000	0.0000	0.0233	5	5
10	X24 行政复议案件占法律诉讼代理比例（%）	0.0317	0.0266	0.0018	0.0267	3	15
11	X25 公务员中本科及以上学历人数占比（%）	0.0238	0.0293	0.0006	0.0242	4	20
12	X31 获得“守信用”称号企业数量占区域企业比例（%）	0.0440	0.0318	0.0028	0.0347	1	7
13	X32 工商部门受理的投诉案件占比（%）	0.0280	0.0293	0.0114	0.0271	3	14
14	X33 存在拖欠税款的通报企业数量（个）-估计	0.0244	0.0253	0.0007	0.0227	5	22
15	X34 中长期贷款占金融机构各项贷款比重（%）	0.0141	0.0240	0.0912	0.0256	4	17
16	X35 应收票据总额（万元）	0.0109	0.0271	0.0090	0.0181	6	33
17	X36 金融机构各项贷款年均增幅（%）	0.0087	0.0297	0.0010	0.0175	7	34
18	X37 应付股利（万元）	0.0055	0.0244	0.1550	0.0277	2	13

续表 6.4

序号	指标	AHP 权重	标准离差权重	熵权	组合权重	准则内排序	总排序
19	X41 地区广播对中央方针政策报到时间占比（%）	0.0440	0.0283	0.0021	0.0331	2	8
20	X42 群众对新闻媒体投诉总数（件）	0.0280	0.0285	0.0358	0.0289	3	12
21	X43 文化建设惠民工程数目（件）	0.0244	0.0257	0.0389	0.0263	4	16
22	X44 反映民生的电视广播新闻节目数（个）	0.0141	0.0259	0.0021	0.0184	7	31
23	X45 虚假广告播出时间占广告时间比例（%）	0.0109	0.0326	0.0249	0.0220	5	24
24	X46 移动电话普及率（%）	0.0087	0.0292	0.0522	0.0220	5	25
25	X47 宽带接入用户（万户）	0.0055	0.0288	0.3043	0.0433	1	21
26	X51 城市居民可支配收入（元）	0.0402	0.0274	0.0126	0.0319	2	10
27	X52 农村居民家庭纯收入（元）	0.0402	0.0273	0.0141	0.0320	1	9
28	X53 恩格尔系数	0.0244	0.0290	0.0002	0.0243	3	19
29	X54 个人信用违约数量（次）	0.0151	0.0284	0.0023	0.0200	4	28
30	X55 城市登记失业率（%）	0.0095	0.0306	0.0004	0.0183	5	32
31	X56 离婚率（%）	0.0063	0.0239	0.0001	0.0137	6	36
32	X61 信用课程占大学课程比率（%）	0.0277	0.0305	0.0420	0.0303	1	11
33	X62 慈善捐款数额（万元）	0.0156	0.0294	0.0179	0.0221	2	23
34	X63 科教拨款占财政拨款的比重（%）	0.0137	0.0342	0.0005	0.0218	3	26
35	X64 失信惩罚政策法规数目（条）约	0.0096	0.0327	0.0003	0.0193	4	29
36	X65 社会保障和就业占财政支出比重（%）	0.0083	0.0291	0.0019	0.0172	5	35

6.4 基于循环修正思路的评价结果修正

6.4.1 单一评价结果及排序

（1）AHP 综合评价结果得分及排名。将表 6.1 中第 8 列 2009 年各个指标的标准差得分（p_{11}，…，p_{15}，…，p_{61}，…，p_{67}）作为行向量，把表 6.4 中的 AHP 权重（w_1，…，w_5，…，w_{25}，…，w_{31}）^{T} 作为列向量，两个向量相乘即为辽宁省 2009

年信用经济发展综合评价得分 P_{2009}。

$P_{2009}=(p_{11},\ \cdots,\ p_{16},\ \cdots,\ p_{61},\ \cdots,\ p_{65})g(w_1,\ w_2,\ \cdots,\ w_{36})^{\mathrm{T}}=0.3240$，列入表 6.5。

同理可计算辽宁省 2010~2013 年的信用经济综合评价得分，列入表 6.5。

按照评价结果得分大小进行排名，排名列入表 6.5。

（2）标准离差法综合评价结果得分及排名。根据 AHP 评价结果的计算方法计算标准离差法评价结果，并对结果进行排名，列入表 6.5。

（3）熵权法综合评价结果得分及排名。根据 AHP 评价结果的计算方法计算熵权法评价结果，并对结果进行排名，列入表 6.5。

表 6.5　辽宁省 2009~2013 年信用经济发展综合评价结果及排名

序号	评价方法	评价结果	2009 年	2010 年	2011 年	2012 年	2013 年
1	AHP 评价法	评价结果	0.3240	0.3714	0.5008	0.6265	0.7081
2		排名	5	4	3	2	1
3	标准离差法	评价结果	0.3456	0.3713	0.4487	0.5975	0.6999
4		排名	5	4	3	2	1
5	熵权法	评价结果	0.6034	0.6140	0.6366	0.6809	0.2441
6		排名	4	3	2	1	5

6.4.2　理想排序的确定

（1）评价结果排序及一致性检验。把表 6.5 中的三种评价结果的排序列入表 6.6。计算 3 种方法得到的排序的肯德尔和谐系数 $w=0.674$。保留三种方法的评价结果排序，对其进行循环修正。

表 6.6　准则的理想排序和权重

年份	单一评价结果排序			第一次重排序						第二次重排序						理想排序
				均值法排序		Boarda 法排序		Compeland 法排序		均值法排序		Boarda 法排序		Compeland 法排序		
	AHP 排名	标准离差排名	熵权排名	得分	排名	得分	排名	得分	排名	得分	排名	得分	排名	得分	排名	
2009	5	5	4	1.33	5	0	5	−4	5	1	5	0	5	−4	5	5
2010	4	4	3	2.33	4	1	4	−2	4	2	4	1	4	−2	4	4
2011	3	3	2	3.33	3	2	3	0	3	3	3	2	3	0	3	3
2012	2	2	1	4.33	1	3	2	−2	2	4.3	2	3	2	2	2	2
2013	1	1	5	3.66	2	4	1	4	1	4.6	1	4	1	4	1	1

（2）平均值法二次排序的计算：

1）排名的分数转换。把表 6.6 第 1 行第 1 列的数 $r_{11}=5$ 代入式（5.13），将 AHP 赋权法评价结果对 2009 年的排名转换成分数 R_{11}：

$$R_{11}=n-r_{11}+1=5-5+1=1$$

同理计算其余两种方法关于 2009 年排名的排名分数：

$$R_{12}=n-r_{1,2}+1=5-5+1=1$$

$$R_{13}=n-r_{1,3}+1=5-4+1=2$$

2）均值评价得分的计算。把 R_{11}、R_{12}和 R_{13}代入式（5.14），得到均值方法的重排序得分 $\bar{R}_1$：

$$\bar{R}_1=\frac{1}{3}\sum_{j=1}^{3}R_{1j}=(1+1+2)/3=1.33$$

把 $\bar{R}_1=1.33$ 列于表 6.6 的第 1 行第 4 列。

同理可以得到其他年份的均值评价得分，分别列于表 6.6。

3）平均值法排名。把表 6.6 第 4 列的数值从高到低进行排序，列入表 6.6。

（3）Boarda 法二次排序的计算：

1）Boarda 矩阵的构造。因为评价指标 X_{11}不和它自身进行比较，所以根据 Board 矩阵的定义式（5.16）得 $b_{11}=0$。

根据表 6.6 种三种赋权方法下的评价对象排序，认为 2009 年排名比 2010 年排名靠前的方法有 0 种，认为 2010 年比 2009 年重要则有 3 个。因此 $b_{12}=0$。

同理，可得 b_{1j}（$j=3$，4）。

则 Boarda 矩阵的第 1 行元素 b_{1j}为：

$$(b_{1j})_{j=1,\cdots,4}=(0,\ 0,\ 0,\ 0)$$

2）Boarda 评价得分的计算。把 Boarda 矩阵的第一行元素 b_{1j}代入式（5.17），得第一个指标的 Boarda 评价得分 B_1：

$$B_1=0+0+0+0=0$$

把 B_1 列入表 6.6。

同理可以得到其他 4 个年份的 Boarda 评价得分，分别列于表 6.6。

3）Boarda 法排名。把表 6.6 中的 Boarda 法得分的数值从高到低进行排序，并将排序结果列于表 6.6。

（4）Compeland 法二次排序的计算：

1）Compeland 矩阵的构造。因为评价指标 X_{11}不和它自身进行比较，所以根据 Compeland 矩阵的定义式（5.18）得 $c_{11}=0$。

根据表 6.6 中的 3 种评价方法的排序，认为 2009 年的排序比 2010 年排序靠前的有 0 个，认为 2010 年比 2009 年排序靠前的有 3 个。因此由式（5.18）得$c_{12}=0$。

同理，可得 c_{1j}（$j=3$，4）。

则 Compeland 矩阵的第一行元素 c_{1j}：

$$(c_{1j})_{j=1,\cdots,4}=(0,\ 0,\ 0,\ 0)$$

应该指出的是，Compeland 法与 boarda 法的主要区别是：对于评价认为指标 i 劣于指标 j 时，Compeland 法得分为-1，而与 boarda 法则给零分。

2）Compeland 评价得分的计算。把 Compeland 矩阵的第一行元素 c_{1j}代入式（5.19），得第一个指标的 Compeland 评价得分 C_1：

$$C_1=0+0+0+0=0$$

把 C_1 列入表 6.6。

同理可以得其他年份的 Compeland 评价得分，分别列入表 6.6。

3）Compeland 法排名

把表 6.6 中的 Compeland 法得分按照大小进行重新排名。

（5）评价指标二次排序的一致性检验。根据平均值法、Boarda 法和 Compeland 法可以得到 3 组新的排序，如表 6.6 中的第一次重排序结果。由第一次重排序结果看出，3 个新的排序仍然没有完全一致。则需要重复上述循环修正的步骤，进行新的重排序，如表 6.6 中的第二次重排序结果，结果显示，经过两次重排序，排序结果完全一致，得到理想排序。

6.4.3 组合权重的计算

分别计算 3 种单一赋权方法得到的原始评价结果的 3 个排序跟理想之间的肯德尔和谐系数：$W_{11}=1$；$W_{12}=1$；$W_{13}=0.2$。

把 $W_{11}=1$；$W_{12}=1$；$W_{13}=0.2$ 和表 6.4 中的 AHP 权重、标准离差法权重和熵权代入式（5.20）得到组合权重，列入表 6.4。

根据组合权重大小对指标进行准则层内排序、目标层内排序，列入表 6.4。

6.5 实证结果及分析

6.5.1 辽宁省 2009~2013 年信用综合评价结果

把表 6.1 中的标准化数据和表 6.4 中的组合权重代入式（5.10）计算辽宁省 2009~2013 年的信用综合评价结果，并对其结果进行排序，列入表 6.7。

表 6.7 辽宁省信用经济发展综合评价结果和各准则评价结果

对　象	得分及排名	2009 年	2010 年	2011 年	2012 年	2013 年
信用综合评价	得分	0.3592	0.3934	0.4894	0.6183	0.6622
	排名	5	4	3	2	1

续表 6.7

对 象	得分及排名	2009 年	2010 年	2011 年	2012 年	2013 年
准则一：区域经济发展水平	得分	0.0177	0.0959	0.1364	0.1227	0.1511
	排名	5	4	2	3	1
准则二：政府信用发展水平	得分	0.1142	0.0948	0.1129	0.0795	0.0941
	排名	1	3	2	5	4
准则三：企业信用发展水平	得分	0.1017	0.0620	0.0626	0.1036	0.0882
	排名	2	5	4	1	3
准则四：媒体传媒信用影响水平	得分	0.1043	0.0975	0.0837	0.1383	0.0780
	排名	2	3	4	1	5
准则五：个人信用发展水平	得分	0.0214	0.0345	0.0811	0.0897	0.1401
	排名	5	4	3	2	1
准则六：科技教育发展影响水平	得分	0.0000	0.0087	0.0127	0.0844	0.1106
	排名	5	4	3	2	1

6.5.2 辽宁省 2009~2013 年信用综合发展状况

以表 6.7 中 2009~2013 年为横坐标，以信用评价及其 6 个准则的评价得分为纵坐标，得到辽宁省信用经济综合发展评价得分折线图，如图 6.1 和图 6.2 所示。

以表 6.7 中 2009~2013 年为横坐标，以信用经济评价及其 6 个准则的评价得分的排序为纵坐标，得到辽宁省信用经济综合发展评价得分排名折线图，如图 6.3 所示。

由表 6.7 的评价结果、排名和图 6.1~图 6.3 看出：

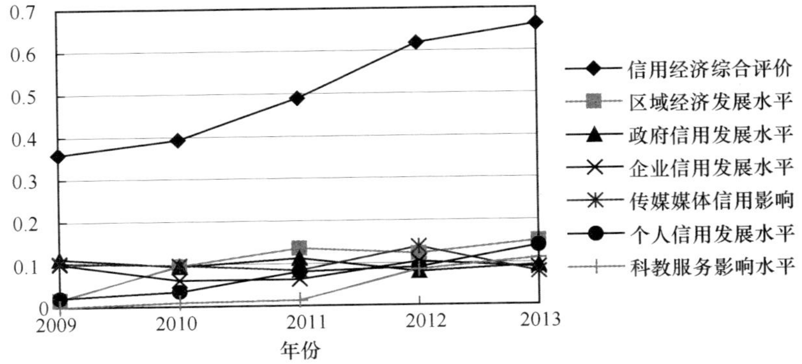

图 6.1 2009~2013 年辽宁省信用发展综合评价得分折线图

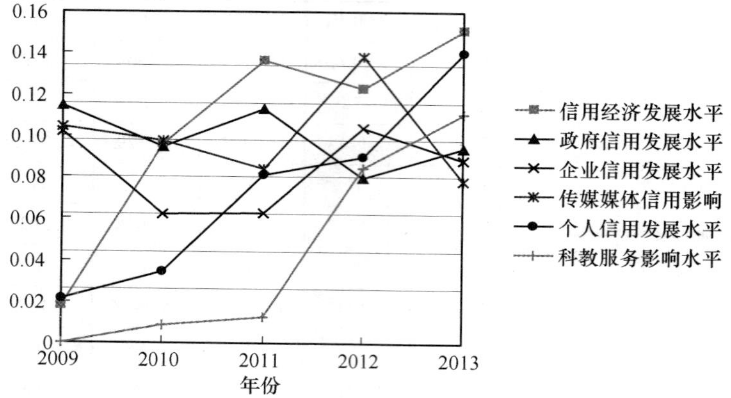

图 6.2　2009~2013 年辽宁省信用经济发展各准则评价得分折线图

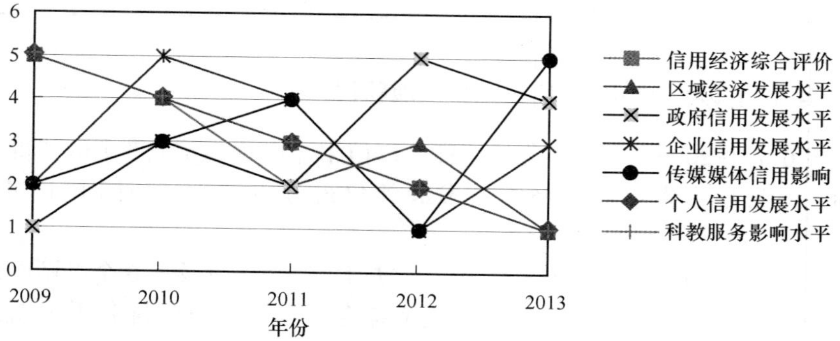

图 6.3　2009~2013 年辽宁省信用经济发展评价排名折线图

（1）辽宁省 2009~2013 年信用综合发展水平稳步上升。

（2）辽宁省 2009~2013 年区域经济发展水平呈上升趋势，但是 2012 年低于 2011 年的发展水平。

（3）辽宁省 2009~2013 年政府信用水平总体呈下降趋势。

（4）辽宁省 2009~2013 年企业信用发展波动较大。

（5）辽宁省 2009~2013 年传媒影响水平波动也较大，呈现先降后升再降的趋势。

（6）辽宁省 2009~2013 年个人信用发展水平与辽宁省的信用经济综合发展水平一致，稳步上升。

（7）辽宁省 2009~2013 年科教服务影响水平与辽宁省的信用经济综合发展水平一致，稳步上升。

6.5.3 助推辽宁省振兴的信用支持体系主要影响因素分析

由表6.4的指标组合权重及其排序看出：

（1）振兴辽宁省振兴的信用支持体系的主要影响因素：政府专门信用管理机构数量、GDP、人均GDP、人均GDP增长速度、地方政府债务余额、行政支出占财政支出比例、获得“守信用”称号企业数量占区域企业比例、地区广播对中央方针政策报道时间占比、农村居民家庭纯收入、城市居民可支配收入、信用课程占大学课程比率、群众对新闻媒体投诉总数、应付股利、工商部门受理的投诉案件占比、行政复议案件占法律诉讼代理比例等15个指标。

（2）区域经济发展水平的主要影响因素：GDP，人均GDP和人均GDP增长速度3个指标。

（3）政府信用发展水平的主要影响因素：政府专门信用管理机构数量，行政支出占财政支出比例，地方政府债务余额3个指标。

（4）企业信用发展水平的主要影响因素：获得“守信用”称号企业数量占区域企业比例，应付股利，工商部门受理的投诉案件3个指标。

（5）传媒媒体信用影响水平因素包括：地区广播对中央方针政策报道时间和占比2个指标。

（6）个人信用发展水平的主要影响因素：农村居民家庭纯收入、城市居民可支配收入和恩格尔系数3个指标。

（7）科技教育服务影响因素包括：信用课程占大学课程比率和慈善捐款数额。

7　助推辽宁省振兴与和谐发展的信用支持体系建设对策研究

7.1　辽宁省和沈阳市信用管理发展现状

7.1.1　辽宁省信用管理发展现状

2010年，经过中国社会科学院综合评估，辽宁省社会信用环境水平在全国排名第29位，2011年辽宁省社会信用环境水平在全国排名前10位，可见辽宁省社会信用环境水平改善明显，为辽宁经济社会发展提供了软环境支持。依托于辽宁省较好的信用环境，辽宁省信用信息的归集与整理在各大部门内部都已初具雏形，已经具备信用信息统计、查询、发布等功能。尤其以银行业和工商行政管理局内部的信息系统最为完善。

7.1.1.1　政府信用体系建设

政府信用体系建设主要分为自身信用体系建设和对社会信用行为的行业监管、指导两大部分。其中，政府自身信用平台的打造主要以信用信息数据库平台的建设为基础，政府对社会信用行为的监管和指导，主要包括提高政府公信力和建立健全失信奖惩联动机制两个层面。

（1）实现信用信息归集与共享开放。辽宁省的数据交换平台建设是建立在多级行政管理体制下跨部门的企业及个人信用信息交换与应用体系，建立依法、完整、准确、动态的企业/个人信用信息数据库。信用信息主要分散在不同的部门，如统计、工商、税务、财政、海关、银行、证券、保险、公安、法院、统计局等部门。在专业性的信用中介公司的技术支持下，通过制定规范的业务流程，嵌入科学的区域信用信息支持系统，在实现信用信息的交换、比对、修正的同时，达到信用信息对发展辽宁省经济，实现资源共享，提高服务效能，实现政府部门的有效监管和优化公共服务的目标。从整体上看，辽宁省信用信息的归集与整理在各大部门内部都已初具雏形，并逐步走向成熟和完善，经过8年多的建设和数据征集，已经具备信用信息统计、查询、发布等功能。尤其以银行业和工商行政管理局内部的信息系统最为完善。在中国人民银行沈阳分行的牵头组织下，银行业建立了辽宁省业内的信用信息系统，其信用信息征信数据库所包含的资料比较完整、内容翔实，基本上涵盖了企业和个人在金融领域内的所有信用资料与记载。在经过几年的数据交换平台建设后，现辽宁省的信用数据交换平台已处于国内领先水平，为信用信息应用提供了技术支撑。2012年，省信用数据交换平台进一步升级改造，全年新建省直及县区征信平台18个。

在政府信用体系建设方面，辽宁省已经能做到将信用信息归集与共享。从整体上看，14个市与省信用数据交换平台实现了网络连接、数据传输和信息整合。截至2013年上半年，省信用数据交换平台已覆盖工商注册的52万户企业、208万户个体工商户、民政系统注册的2万户民办非企业和社会团体、2171家司法机构，涉及115个指标集、1736个指标项，1560万条个人的非银行类信用信息，共计4051余万条信用数据记录，近42亿笔数据。人民银行沈阳分行个人征信系统共收录1386万人、3341万户个人信贷账户，2971万个自然人信用信息。向省内金融机构提供信息服务4百余万次，向社会公众提供信息服务30余万次，向司法机关提供信息服务2761次。企业征信系统共征集辽宁省33.8万户企业的信用信息，日均查询量近6000次。同时，16个县（区）级征信平台正在建设中，开创了全国唯一省、市、县三级联合征信建设模式的先河。

在基本实现企业信用信息全面覆盖的基础上，启动了个人信用信息的征集工作。2011年3月，省发改委与省公安厅共同签署了《个人信用信息征集合作协议书》，以公安系统掌握的公民户籍信息为基础，以身份证号码为统一标识，开展个人信用信息征集工作。同时，还与省高级人民法院联合下发了《关于省法院执行案件信用信息共享工作的通知》等，促进个人信用信息的整合与共享，重点推进了公务员诚信档案、会计师、律师、大学生、事业单位人员，以及社会保障、职业人才等重点人群的信用信息征集。截至2013年上半年，省信用数据交换平台已覆盖辽宁省4300多万公安人口户籍信息、1370万人城镇养老保险信息、73所高校在校大学生信息、8000多名律师基本信息。由于辽宁省暂时尚无个人信用法律法规，个人信用信息还不能够实现对外查询和应用。

（2）阳光办公，政务公开，提高政府公信力。自2010年起，辽宁省按照“政府直接贷款、担保贷款和平台公司贷款”的清理清收工作要求，辽宁省政府金融办联合下发了《关于进一步推动政府关联类不良贷款清理处置工作的通知》，要求各市政府开展清理清收工作，并且严格本着“区分情况、分类处置”基本原则，整合各类资源，积极推进政府关联类不良贷款清理工作。如今，辽宁省不良贷款底数已初步摸清楚，各市执行现金偿还不良贷款、查出的有效资产与不良贷款置换、协商制定还款计划、将不良贷款纳入本级政府财政管理等方式，推动清理清收工作，不良贷款清理清收工作已初步取得成效。截至2013年末，对于政府关联类不良贷款，已清理14个市60亿元左右的不良贷款，初步解决政府及国有企业拖欠银行债务的是新问题。与“民心网”合作，联合处理失信投诉举报，共同打造“诚信政府”。加强了政府政务信息公开，政务公开办积极完善政府政务公开制度，推进政务诚信建设。

经法院判决而多年尚未得到执行的案件，在网上被曝光后得到了有效执行。辽宁省典型失信案件曝光工作取得了较好的社会反响，为改善辽宁省信用环境，提高全民信用意识发挥了积极作用。同时，以省政府名义表彰了261家省级诚信示范企业，下发了《辽宁省诚信示范企业优惠政策的通知》，出台了38条优惠政策，使守信企业得到鼓励和奖励。在不断扩大信用信息应用、推行企业信用报告制度的同时，2012年，为鼓励和奖励守信，积极开展了第二届辽宁省诚信示范企业评选工作，辽宁省有1200多户企业参与，共评选出156家省诚信示范企业，并召开诚信示范企业优惠政策落实及研讨会议。

7.1.1.2 企业信用体系建设

辽宁省在企业信用体系建设方面具有一定基础，也取得了一定成就。早在20年前，辽宁省开展的“守合同重信用”活动，为企业信用体系建设奠定了基础。目前，中小企业信用体系建设稳步推进，辽宁省重点建设工程招标投标领域推行企业信用报告工作进展顺利，企业信用体系数据库建设初具雏形。

首先，推行企业信用报告制度。为保证企业信用报告制度的顺利推行，2010年3月，辽宁省起草并下发了《关于在重点建设工程项目招标投标领域推行企业信用报告制度的通知》，之后省发改委又会同省住建厅、省交通厅和省水利厅又出台了相关配套文件及评价标准、监管办法等。如：《关于辽宁省公路工程施工项目招标投标领域信用评级有关要求的通知》《关于深化招投标制度改革完善招投标制度建设的实施意见》《关于进一步加强建设工程招投标管理的若干意见》《关于对政府采购代理机构开展信用评价的通知》《关于对招标代理机构开展信用评价有关工作要求的通知》《辽宁省信用报告规范性审查工作实施细则》等文件，对公路工程施工项目招投标、辽宁省建设工程招标代理机构和政府采购代理机构实行信用报告制度，有力地推进建设工程领域信用体系建设。对信用中介机构评级、招标公告发布、评标打分等环节进行培训。通过调研协调，建章立制，辽宁省重点建设工作领域推行企业信用报告制度平稳运行，达到预期效果。经过三年来的探索和实践，辽宁省重点建设工程项目招标投标领域推行企业信用报告制度得到政府有关部门、招标代理机构、项目业主、投标企业的普遍认可。

形成了辽宁省信用报告制度的鲜明特点：（1）以辽宁省政府名义在招标投标领域推行企业信用报告制度；（2）研发建立了“信用报告规范性审查系统”，将纸介质审查转变为网上审查，实施信用报告规范性电子化审查；（3）明确招标投标领域信用评估收费标准；（4）省、市两级招标投标信用报告统一标准、统一标识、互为通用；（5）对信用评估实行专项信用评级能力测试；（6）实现了企业信用报告的网上申报、审查、反馈、统计分析和数据入库等功能。经过规范性审查并公示的信用报告质量较高，能够较为全面客观地反映出企业整体信用状况，为辽宁省重点工程遴选优秀施工单位提供了有力依据。在辽宁省招标企业中有效实施信用报告制度，有效实施实现了省信用数据交换平台的数据应用，充分体现了信用信息的价值，为在其他领域的应用积累的宝贵的经验。最后，实现了对企业信用数据库建设的改造升级。

2012 年以来，通过对企业信用与融资网进行改版升级，增加了信用信息录入、查询、评价等模块。增加了信用数据库统计、分类、分析等功能，简化了数据库征集数据，并实行专人负责，动态管理，使各市信息入库完成数量和质量明显提高，开发了新的信息整机系统软件和上传系统软件，升级了信用网络运行平台，保障信息数据省、市、县（区）三级自主申报和数据更新。目前，以省中小企业信息征集管理为总系统，以各市、县（市）区为子系统的网络系统已经建成并开通，各子系统通过辽宁省政府中小企业信用网可实现征集、查询、传送等管理功能。数据库采用 MD5 加密技术，对重点中小企业数据进行保护措施，对有需求的企业可提供数据提取、展示、导出、打印等服务功能。

2014 年 2~4 月，组建了辽宁省民营企业信用体系建设工作领导机构、办事机构、制发系列纲领性规范性文件。自 5 月份开始，辽宁省工商联牵头，会同省委宣传部、省文明办、省发改委、省信用办，共同开展了以“我诚信我光彩”为主题的辽宁万名民营企业家诚信倡议活动，全省已有数千民营企业家积极响应号召，主动在签名书上签下了自己的名字。7 月，辽宁省工商联又研究提出了《进一步推进辽宁省民营企业信用体系建设工作的若干意见》，启动了“万千百十一工程”。8 月份全省信用培训的开展，接受指导培训的企业家纷纷表示真正认识到了诚信的重大意义和建立完善企业信用体系的紧迫性，民营企业信用中心网站（http：//www. lncredit. gov. cn/）也已经设计完成，预计 9 月份实现联网。

经辽宁省信用中心规范性审查并公示的企业信用报告共计近 6000 份。将进一步完善该制度，加大法院未执行案件、行政审批、行政处罚和表彰等公共信用信息的征集力度，为辽宁省在招标投标领域、政府采购、贴息贷款以及其他行政管理事项中推行企业信用报告制度奠定基础。其次，还加大了信息应用力度，企业信用数据征集日益完善。通过辽宁省、市、县（区）三级信用信息征集工作体系的共同努力，共征集企业信用信息入库数量 5 万余户，采集数据大道 300 万项，并通过政务网向省信用中心进行传送，实现了信用数据互联互通，资源共享。同时积极推进重点企业信用档案数据库建设，将已完成的 51347 万户重点中小企业信用数据纳入人民银行征信系统。2013 年共计新征集中小企业信用信息 2000 户，更新数据达 9 万项，并通过政务网上向省信用中心进行了传送，实现了信用数据互联互通。建立企业信用与融资网，于2006年正式开通。目前已列为辽宁省社会信用信息交换体系的子系统，纳入辽宁省信用网络平台建设的体系之中，该网站涵盖了辽宁省企业信用信息征集和公示平台。包括企业信用信息数据库、报送系统、录入系统、查询系统、分析系统和中小企业信用等级自测系统等，是辽宁省推进企业信用建设的重要措施之一。实现了企业信用信息征集，发布和查询利用等多项功能，成为面向企业、银行、行业主管部门的公共服务平台。

7.1.1.3 个人信用信息建设

辽宁省启动了个人信用信息的征集工作。2011年3月，辽宁省发改委与辽宁省公安厅共同签署了《个人信用信息征集合作协议书》，以公安系统掌握的公民户籍信息为基础，以身份证号码为统一标识，开展个人信用信息征集工作。同时，还与省高级人民法院联合下发了《关于省法院执行案件信用信息共享工作的通知》等，促进个人信用信息的整合与共享，重点推进了公务员诚信档案、会计师、律师、大学生、事业单位人员，以及社会保障、职业人才等重点人群的信用信息征集。截至2013年上半年，省信用数据交换平台已覆盖辽宁省4300多万条公安人口户籍信息、1370万人城镇养老保险信息、73所高校在校大学生信息、8000多名律师基本信息。由于辽宁省暂时尚无个人相关信用法律法规，个人信用信息还不能够实现对外查询和应用。

7.1.1.4 信用管理相关政策法规

为了积极推进信用立法和标准制度建设，省政府出台了《辽宁省企业信用信息征集发布使用办法》，这是辽宁省首部有关信用信息的行政规章，对规范和指导辽宁省企业信用信息征集和应用工作发挥了重要作用，有力地推进了辽宁省企业信用体系建设。2011年，进一步修改和完善了《辽宁省个人信用信息管理办法（草案）》，并列入2013—2018年立法规划和2013年省政府法制办立法计划。按照《国家发展改革委办公厅人民银行办公厅关于请加强地方信用立法函》要求，经省政府法制办同意，将《辽宁省公共信用信息管理条例》作为辽宁省地方信用立法重点研究立法项目。辽宁省信用立法工作的深入推进，为社会信用体系建设提供了保障。2012年11月，国家发展改革委办公厅和人民银行办公厅印发了《关于请加强地方信用立法的函》，将辽宁省列为全国推进信用立法工作试点省份，将《辽宁省公共信用信息条例》作为辽宁省当前信用立法方面的重点研究事项。同时15名省人大代表也提出了《关于加紧推进辽宁省公共信用信息立法的议案》（第028号）。2013年，省发展改革委依据国务院《征信业管理条例》、借鉴欧美国家和兄弟省市相关信用立法的经验，会同相关部门研究起草了

《辽宁省公共信用信息条例（草案）》，目前该条例已列入2014年省人大财经委立法计划。此外，还研究提出了信用数据征集标准规范。出台了《辽宁省信用信息分类标准研究》，编制了《辽宁省企业信用信息征集标准规范》和《辽宁省市级信用信息征集标准规范》，为信用数据征集工作的顺利开展提供了保障。

7.1.2 沈阳市信用管理发展现状

沈阳市在个人信用体系建设中走在了辽宁省前列。2011年，信用沈阳网站就已试运行（http：//www. sycredit. gov. cn/）。城市信用体系建设稳步推进，现已拟定了《沈阳市信用体系规划纲要（征求意见稿）》和《沈阳市个人信用体系规划纲要（征求意见稿）》，计划建立个人征信系统，有重点、有步骤地推进个人信用建设，在全市形成“诚信从我做起”的良好信用文化氛围，使诚信家喻户晓，深入人心。目前，正在运行的《沈阳市个人征信管理条例》（试行）与《关于建立沈阳市个人和企业信用体系的实施方案》（试行）等。方案指出，应先以非公有制企业经营者和个体工商户为重点，启动全市商业银行系统，以个人信贷为切入点，进行个人征信；进一步启动自来水、电业、煤气、通信、有线电视等社会公共事业收费网络平台，全面实施个人征信。经过三至五年的努力工作，按计划分步骤建立关于个人的账户制度、信用调查和报告制度，实际建成个人的信用档案，研发构建并应用个人信用评估体系。沈阳市有关部门正从个人征信入手，以促进消费信贷，拉动地方经济增长，进而启动企业征信体系。

上述措施虽然符合征信国家建设信用体系的惯例，但执行起来却存在一个问题：个人征信应从金融系统入手，而我国金融信息具有垄断性。根据《中华人民共和国商业银行法》第一章的第六条，银行系统很容易拒绝透露任何数据，因此在采集且更新成套信用信息方面可能困难重重，进而会影响其征信工作的进一步进行。

在启动城市个人信用体系建设的同时，辽宁还积极探索个人信用在农村信用体系方面的建设。截至2012年9月末，辽宁省农村信用社、邮政储蓄银行和农业银行征集了459万户农户信用档案，对其中的350万农户进行了初步信用评价，对已进行信用评价的336万农户累计发放贷款1355亿元，贷款余额692亿元。建立了农户信用信息共享机制，在朝阳北票开展了以人民银行为主导的农户信用档案交换平台建设试点工作。有力地为推进重点人群信用档案的建立起到重要作用，也为实现“三年初见成效，五年大见成效”的目标奠定基础。

此外，通过沈阳市信用中介服务机构备案制，积极引入信用中介机构从事征信、资信评估、市场调查、商账追收、信用管理咨询等业务，包括：辽宁诚企联合信用认证有限公司、东方安卓（北京）国际信用评估中心有限公司辽宁分公司、辽宁誉普信用评估有限公司、辽宁建安信用信息评估有限公司、联合信用管理有限公司辽宁分公司、辽宁华能巨合信用评估咨询有限公司、华泰信用评级有限公司、辽宁奥达信用评估咨询有限公司、浙江智普信用评估有限公司辽宁分公司、辽宁万隆众天资信评估咨询有限公司、辽宁中诚信用评估有限公司、辽宁华信信用评估有限公司、辽宁合建项目管理有限公司、辽宁久诚信用评估有限公司、辽宁瑞泽信用评级有限公司、辽宁中瑞嘉信用评估有限公司、辽宁信佳咨询有限公司、辽宁泽信信用评估有限公司、辽宁中小企业信用服务有限公司。

沈阳市已有30个部门作为信源单位按季度为省信用中心传送信用数据，沈阳信用中心对这些部门的信用提交情况进行绩效评价。

7.2 区域信用管理发展存在的问题及成因

从总体上来看，社会信用水平经过近十年的探索，有了长足发展，实证研究也表明信用环境逐年提高改善，社会信用意识不断增强。但与社会主义市场经济发展对信用体系建设的要求仍有很大差距。目前，征信机构规模较小，还没有形成完整的征信机构体系；征信产品单一，没有征信高端产品；社会普遍缺乏使用信用产品的意识，对信用产品的需求还十分有限；征信行业专业化程度不高，社会影响不大，其作用与功效尚未得到充分发挥。

（1）信用系统数据库建设不完善。虽然建立了政务公开网站，网站可以随时对行政审批、政府财务预决算、保障性住房、食品药品安全、环境保护、招投标、安全生产、征地拆迁、价格和收费、教育领域和医疗领域相关公示情况进行查阅，但网站建设还不完善，进行速度较慢，影响力和公众参与度交叉。另外，受体制障碍等因素影响，当前征信数据的部门、行业和区域分割和相互壁垒严重，已成为制约社会供应链融资信用体系建设发展的主要制度性瓶颈。部门之间、部门与地方之间的信息未能有效整合、信息共享技术标准不统一、数据资源共享困难、造成资源的严重浪费。

征信数据库在建设过程中面临着种种障碍，这些障碍包括政策障碍、部门利益障碍、资金障碍、技术障碍等，但其中最大的障碍还是来源于政策和部门利益。大部分数据掌握在政府部门手里，征信机构往往无法也无权直接征集，部门之间的信用信息开放与共享程度则非常低，有的系统内部甚至也不能实现信息数据的共享。行政机关在提供行政处罚信息过程中大多都是有选择性的提供，信用数据质量不高。有些部门和行业的信息化建设还存在不同程度的滞后，与信用信息征集要求还有一定差距。个人公共信用信息和县（区）级信用信息征集尚没有全面启动，不能完全满足信用信息征集、更新、交换和应用工作的要求。信用服务机构规模偏小，信用服务产品单一，信用服务人才短缺，信用产品及市场监管不统一、缺位，信用服务需求和供给尚未有效激发，多层次、全方位的信用服务市场尚未建立。需要考虑到和其他地区、国家、世界标准的兼容性，如果不同行业、地区的征信数据库标准不一样，数据平台软件不能兼容，势必影响社会信用信息资源的共享，造成重复建设和资源的严重浪费，而这些标准、规范的制定需要较强的技术水平，亟待加快推进高校开设信用管理方面课程，培养专业人才。

企业方面，近几年企业信用的增长率一直在10%左右。这里的企业信用不仅包括银行对企业的贷款，还包括企业之间的相互拖欠，企业之间的商业信用。但人民银行的信贷登记咨询系统的信息对企业来说还不够充分，需要开发企业征信系统一定要纳入更多的信息，提供更好的服务，开发更多的新产品才可受市场认可。

此外，征信数据库的建立和维护还需要巨大的资金投入，若想建立一个覆盖600万人口的个人征信数据库，至少需要4000万元到5000万元的启动资金，而且每年还需要一定的运行费用。即使在这种完美的假设下，收回投资也至少需要30年。政府建设企业、个人征信数据平台还要充分结合政府自身的调控能力与财政状况，探索多渠道的资金筹集方式，以提供足够的资金支持，以满足征信数据库的建立及今后的运行维护所需的资金。截止到2013年，省本级专项资金已先后累计投入5000万元专门用于省、市、县三级正新平台建设，接下来对于个人和企业信用信息数据的征集和开发还需要政府继续加大资金投入力度。而个人、企业征信数据库的建设，除了要靠政府的投入外，还应靠其自身运营来维护。如个人征信数据库的个人信用数据的增值服务，个人信用风险控制解决方案等；企业征信数据库的企业的财务分析报告、企业的深度分析报告、以及其他的深层次的调查类报告服务。目前，该业务除企业信用报告制度开展的比较顺利外，其他业务还没有固定成型，业务量很小，没有形成规模，有些业务甚至还不能开展。因此，信用体系数据库的建设应进一步拓展业务范围，丰富业务种类，扩大资金的来源和运转渠道。

（2）信用中介行业和信用担保行业市场竞争无序缺乏统一标准，亟待规范成熟。在信用中介服务领域，其成熟度体现了信用经济发展的程度。虽然，信用中介服务行业初具雏形，但征信服务机构缺乏应有的规范，使得服务机构之间的竞争不公平，难以保证提供客观、公正、高质量的征信产品。一些中介机构和政府部门勾结形成垄断式经营模式，严重损害公开公平的竞争规则。一部分地方政府职能部门组建的评估公司强制为企业评级，政府寻租现象时有发生。“以级定价”和“以价定级”的现象严重。据调查，大多数资信评估公司作为项目乙方，以评出的信用等级来规定收费标准，即“以级定价”。评估公司在经营中经常对被评为AAA级或AA级的企业多收费，A级就少收费或不收费，BBB级或BB级就根本不评或不收费。由于缺乏监督管理，个别公司在业务经营中为拉客户随意改变收费标准，存在比较严重的“以价定级”现象，评估结果的权威性、真实性受到严重影响，相关评级公司的信誉也受到严重损害。

评估机构鱼龙混杂，素质和质量良莠不齐。大量不具备评估条件的非专业评估机构，采取压价、放宽评估标准等不正当手段占领评估市场。个别机构由于缺乏严格的筛选机制和市场准入机制，导致评级水平逐年下降，但却始终没有被市场所淘汰。其内部运作也不够规范，有的严重偏离主业，有的担保公司从事投资、贸易、房地产业务，有的以会员形式变相吸收存款，有的大量为股东进行关联担保，套取银行贷款。还有一些资信评估公司业务繁杂，涉及资产评估、土地评估、工程预算、工程估价等多种业务，评级业务的占比很少。

造成这种现象的原因主要有两个：其一是有关信用中介服务机构准入管理的规定不清，没有类似于上海一样的扶持政策。原则上这类机构属于特许经营，但在实际中则存在特许授权机关界定不清的情况，且在从业人员执业资格、执业技术准则、行业标准方面至今没有出台任何规定，造成“无人审批”的现象。其二是由于市场需求不足，信用中介机构往往惨淡经营，入不敷出，也出现“无人注册”的局面。

中小企业信用担保业务于 1998 年起就正式开始运作，但当时辽宁省一家担保公司也没有。2008 年，英国政府委托普华永道与中国政府合作，在中国筛选了几个省市作为开展信用担保业务的试点中心，辽宁省就属于试点之一。英国政府给予少量投资，主要是套用英国的 CGF 模式建立了一批中小企业信用担保机构，完全实行市场化运作，所有开支自负。后来，在推广英国的 CGF 模式基础上，辽宁省对现有中小企业担保机构防范风险和投融资功能进行完善，积极开展组建商业性、互助性的中小企业担保机构工作。截至 2012 年底，辽宁省各类中小企业信用担保机构已发展到 170 多家，注册资本金总额超过 42 亿元人民币，担保金额近 46 亿元人民币，从业人员已达 400 多人。经社会公布的中小企业信用评估报告共 5574 份。AAA 级企业 359 家，占总量的 6.4%；AA 级企业 1879 家，占总量的 38%；A 级企业 2498 家，占总量的 44.8%，BBB 级企业 718 家，占总量的 12.9%；BB 级及以下级别企业 120 家，占总量的 2.2%。其中，大连市在中小企业担保业务有特色，被国家列为全国中小企业融资发展计划试点城市，与广东发展银行建立支持中小企业融资发展计划合作框架。大连市的信用担保中心在运作上主要是考虑规模效益，专门从事大批量、大规模的信用担保业务。辽宁省的担保中心在运作模式上则另有一番特色：它的信用担保业务主要是针对微型企业，即使对于个体户也给予信用担保，这类机构所需的资本金少，运作起来十分方便，所以效果也是不错的，辽宁省需加快开展该业务。

（3）诚实守信获奖励，信用违约受惩罚的严格奖惩机制尚未建立。目前，省市企业与银行间的信用缺失主要表现在企业对银行的恶性逃废债务上，不少企业趁改制之机把银行贷款一笔勾销，银行居高不下的不良资产率就是这一现象造成的直接恶果。企业间逾期账款总额占销售总额的比率竟高达5%，而发达市场经济国家比率只0.25%~0.5%，这一指标是发达市场经济国家的十余倍，严重导致辽宁省企业间经济活动赊销交易萎缩，平均赊销率只有20%。另外，企业债券到期不能兑付现象严重。企业债券融资是辽宁省企业第二大资金来源渠道，但由于债券资金使用不合理，造成兑付困难。滚动发行严重，特别是短期融资债券，到期不能兑付，发新还旧成为普遍现象。这些现象严重损害了企业的信誉，最终导致债券的停发，使各项事业的发展失去了一笔很大的资金支持。造成这些现象的根源主要是体制上的弊端，在原有的计划经济体制下，国有企业产权不清，有些企业有意设置“债务人缺位”，还有部分企业领导偿还意识不强，有意逃避债务，对信用造成恶劣影响。

此外，在商品交易领域，合同失信行为较为普遍。在企业经营往来中，各类企业组织之间，包括同业企业之间、生产企业与商业企业之间、原料供应企业与原料消费企业之间、一般企业与金融企业之间越轨违规、不守信用、践踏合同和不正当的竞争已成为一种普遍现象。

近年来，影响辽宁省信用经济发展的案件较多，社会影响力较大。例如：2010年，黎明集团近1亿元的经济纠纷，沈阳高压成套开关股份有限公司750万元回款纠纷，荷兰村事件、木兰公司破产案、标的达上亿元的韩国晓星公司与沈阳某公司并购案和历史遗留的五爱市场行政案在当年结案。2011年，沈阳市中院对366名“赖账者”在新闻媒体上进行曝光，对141人次采取限制出境、限制开发立项、限制贷款消费等反制措施。2012年，“蚁力神”合同诈骗案、“毒豆芽”案等大要案结案。维护市场经济秩序，2013年沈阳市法院审结案件中判处生产销售伪劣商品、非法经营、非法吸收公众存款和金融诈骗、虚开发票等罪犯2196人。

上述信用违约行为，一方面仅从征信服务的供给方偿受害方损失而已，并无其他特别的经济惩罚或刑事惩罚措施。在这种情况下，失信行为即使被发现，也往往只是受到道德层面上的责罚，而失信主体的经济利益并没有较大损失，致使惩戒的效能不高。例如对于消费者投诉案件，结案时仅是判决商家或厂家赔偿损失，并无经济处罚。即使对于诉诸法律的经济案件，除非是重大信用欺诈案，否则一般情况下法院仅是判决失信方赔失信的人驱逐守信的人，失信的人得利，守信的人遭殃，所以，个人赖账、恶意透支、逃税漏税、诈骗行为、拖欠贷款及逃避银行债务等犯罪现象屡屡发生。因个人失信造成的影响外商投资信心、合作意向，影响消费者消费信心和消费欲望，增加个人与社会交易成本、严重破坏市场经济秩序和市场机制，个人的信用意识受到极大的冲击。更甚者，在对待某些失信和诈骗行为，还存在地方保护主义倾向。

因此，社会信用奖惩联动机制建设需尽快完善。政府在审批环节中，对守信者实行优先办理、简化程序、“绿色通道”和重点支持等激励政策还没有得到有效落实。虽然不断加强了社会诚信规范，可是效果却流于形式，诚实守信仅仅靠社会个体的自觉自愿的道德修养和自我约束是难以普遍实行的。

（4）信用相关法律法规的执行情况。2008 年，我省出台了《辽宁省企业信用信息征集发布使用办法》，对规范和指导辽宁省企业信用信息征集工作发挥了重要作用。但个人信用信息管理办法至今尚未出台，个人信用体系的构建过程中法制保障极为欠缺，对于社会信用体系建设工作的依法、有序、深入开展。法律本身是对社会公众行为规范的硬性约束，直接规范了社会每一个行为主体的具体行为，具有极高的严肃性和权威性。我省目前执行的是国家范围内涉及信用管理相关的法律法规，这些发条散见于民商事法：《民法通则》《技术合同法》反不正当竞争法》《消费者权益保护法》《票据法》《保险法》《担保法》《合伙企业法》《证券法》《合同法》等法条中。法条的区域约束效力较弱，责任追究制度不明确。立法不够完备的原因主要有两个方面：一方面，全国缺乏统一的相关信用法律法规；另一方面，地方也没有相关的地方性法规，征信体系的建设缺乏有力的法律保障。

省市金融业对于信用的管理与规范则形成了比较成熟的规定，《商业银行法》对个人的存款等数据也是保密的。由于在现有的信用法律框架体系内，国家尚未出台一部专门的、详尽的关于隐私权保护的法律，导致政府和中介机构对于哪些数据可以向公众开放，哪些数据涉及个人隐私权需要保密，缺乏明确的法律依据。

虽然，不同部门制定了一些与信用管理有关的办法、规定，例如：省工商行政管理局起草的《辽宁省工商行政管理局企业信用信息归集和公布管理办法（试行）》，对企业信用信息的征集、建库、公示进行了规定。辽宁省有部分行业信用管理条例，例如：辽宁省农经委《市农经委关于印发辽宁省农资经营者信用等级评定管理办法》，市建委、市规划局、市房产局关于印发《辽宁省房地产开发企业信用管理暂行办法》，辽宁省城乡建设委员会《辽宁省建筑市场信用信息管理暂行办法》《辽宁省建筑市场各方主体良好行为记录认定标准》《辽宁省建筑市场各方主体不良行为记录认定标准》《辽宁省保护消费者合法权益规定》。但是这些办法与规定缺乏全局性和系统性，对地方政府，企业和个人的信用违约行为约束不够，也不具备执行操作性。目前，国家和辽宁省已出台的一些法律法规和管理办法虽然有涉及资信评级行业运营的相关问题，但整体性差，针对性不强，信用行业政策法规在很大程度上仍是空白，对信用服务活动和信用服务机构缺乏有效的法律保护与约束，不仅使信用建设的遭遇法规限制，而且不利于征信市场的培育。

所以，政府部门有必要发挥立法职能，尽快出台数据征集、隐私保护、行业准入、信用报告等相关法律法规，联合执法部门做好法律执行和维护工作，使信用体系建设有法可依、执法必严，让信用服务活动受到应有的法律法规保护，也便于信用信息报告纠纷的解决和处理。

（5）信用文化和信用意识比较淡薄。省市公众对信用的认识不够深入，与社会发展相适应的信用文化还尚未形成，中小型企业及资源型企业的经商方式走的是家族路线，商场上讲究朋友帮朋友，靠的是血缘网和各种关系网。企业信任是建立在亲戚关系或亲戚式的纯粹个人关系上的，这种凭借血缘共同体的家族优势和宗族纽带的思想仍停留在小农经济时代，信用关系仅局限于朋友、亲戚、邻里等较为熟悉的人之间，是一种基于血缘、亲缘、地缘基础上特殊的信用，还没有达到一种完全意义上以“契约诚信”为主的科学信用观念。

7.3 助推辽宁省振兴与和谐发展的信用支持体系建设对策研究

7.3.1 辽宁省信用经济整体发展思路

（1）经济性层面的发展。一是信用经济应按照市场经济的原则和机制来发展；二是信用经济的发展不应导致人们的生活条件和福利水平明显下降。也就是说，既反对信用消费剩余，又必须使人民在和谐的信用关系下，不断提高经济交往和交易规模和频率。

（2）技术性层面的发展。技术层面的发展也就是通过信用体系评价技术进步，在大数据背景下，在高频信用信息的共享模式里，能够做到即时监控信用风险变化，在渐变或突变情景下，也能够尽早预警，尽早防控。前者要求在信用规模紧缩的情况下，同样能享受到的信用服务或仍能感受到信用环境的公平与和谐。后者要求信用规模扩大的情况下，信用风险仍能做到预警和防控。

（3）目标层面的发展。发展信用经济的目标应该是，在多渠道融资模式下，兼顾公平与效率、收益与风险，以各方共赢为目标，利用多层次的体系设计和因素甄别旨在从内在机理和更宽广的维度审视信用，希望借此探索使信用成为强力推动经济增长“发动机”的原理。以促进经济增长为目标来引领信用市场的“脉搏”，意在营造信用市场有序递进的局面，实现辽宁省信用经济和谐发展。

7.3.2 制定总体规划提高社会信用体系构建支持力度

一是将信用经济纳入辽宁省国民经济和社会发展规划，进行总体安排部署。

二是将信用体系综合评价技术研发纳入辽宁省科技规划和相关科技计划。

三是制定专项规划，提出信用经济的概念、目标、重点和保障措施等，提出信用经济的统计和考核指标，并作为国民经济规划中的引导指标。

四是制定重点行业和部门的信用经济发展规划，向信用经济转型。

7.3.3　设立信用产业发展基金，推进信用服务产业化

信用服务产业是为了有效减少信用交易过程中高额信息成本和风险成本，通过专业化的机构以市场交易方式提供信用信息和信用保障中介服务，以促进信用交易发展，维护市场运行秩序的一种新型服务产业信用服务产业一方面属于社会信用体系的构成部分，是社会信用体系有效运行的重要机制，与政府提供的公共信用服务一起，构成了完整的社会信用体系；另一方面它又是一个相对独立的服务行业，其提供的服务是一种特殊的商品即信用产品，受市场机制所制约。

当前，经济结构、产业结构调整政策频繁出台，中央非常重视发展信用经济，并将它作为国家战略，提出要发展信用产业。中国人民银行专门成立了征信管理局，专门管理信用产业。以信用需求为主的有效需求能有效地拉动一个国家GDP 持续增长 15 年。辽宁省在制造业振兴的国家战略规划中，应积极进取，依托信用建设进程，挖掘信用需求潜力，完善区域信用体系。解决经济发展的相对过剩时，绕不开信用需求和相应的信用产业建设，无论是区域内的政府、企业，还是个人都应该将信用作为自身最为重要的资产，有效经营和管理信用资产，将它变成资本，并实现其保值增值。

在政府主导的信用产业模式下，由政府、央行、行业协会等组织设立信用产业发展基金，主要目的是为政府、金融监管部门的信用监管服务，信用信息服务机构是被作为中央银行的一个部门建立，政府通过建立公共的征信机构，强制性地要求企业和个人向这些机构提供信用数据，并通过立法保证这些数据的真实性。

在市场主导信用产业模式下，主要依托信用中介和企业信托机构，信用服务完全市场化，在这种模式中，所有信用服务企业都可以依法自由地经营信用服务业务，各信用服务机构都是独立于政府之外的民营征信机构。

作为区域信用服务产业雏形，不应简单地采取单一模式，而是应该采取一种政府引导与市场主导相结合的、分类对待、分步推进的混合型产业发展模式。

单纯依靠市场的优胜劣汰反而会使我国有潜力发展壮大的信用服务中介机构在竞争中淘汰，政府的大力扶持是信用服务产业能否较快健康发展起来的关键。同时，公共信用信息数据库的建设使用，以及资金的投入对信用服务产业初期发展是极为重要的两个方面。需要政府甄选出有发展潜力的信用服务中介机构对其提供资金支持，在这个过程中政府充当了一个从事高风险的投资人。而对于很大一部分信用服务中介机构，政府可以通过税收减免等政策来推动其发展，从而发挥出市场所无可替代的作用。特别是对于中小企业信用担保服务业，因其具有一定的公益性质，政府可以在股权投资、担保政策、税收优惠、经营补偿等方面进行有效的工作。

信用服务产业的发展仍需以市场为主导来配置资源，市场对资源配置的基础性作用是政府无法替代的。政府在引导和大力扶持的过程中，不可避免地会产生低效率、低激励、垄断等问题，政府行政资源的过多介入会增加经济活动的交易成本，信用服务中介机构也会过度依赖政府的支持，降低其独立自主开展信用服务活动的能力，而市场恰好能弥补政府在发挥职能过程中的不足和缺陷，通过市场有效的竞争机制充分发挥优胜劣汰的作用，从而做出客观的、符合经济发展规律和社会需求的选择。信用服务产业发展框架如图7.1所示。

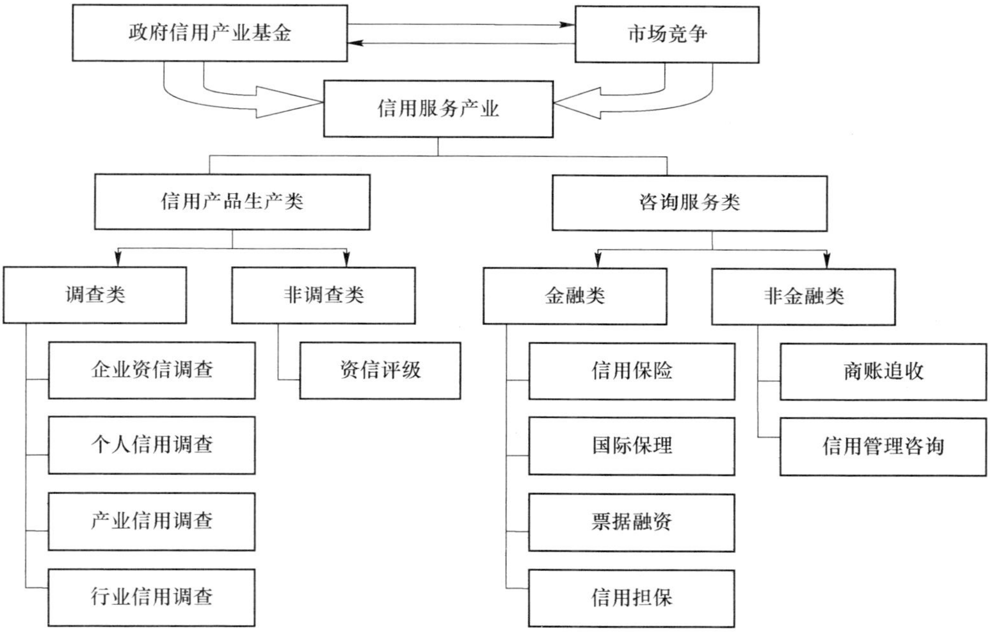

图7.1 信用服务产业发展框架图

一方面，信用服务的供求应采取以市场化方式为主。除了基础性的公共信用信息需要依靠政府相关部门依法来提供，不应采取市场交易方式来进行外，信用活动中涉及的其他特别的、具体的信用服务，都应该按市场化原则来运作。即根据市场需求来决定供给，以市场供求关系决定价格，有偿提供，有偿使用，并通过市场竞争机制，来提高效率，优化结构。

另一方面，信用服务机构应逐步民营化。政府可以在如中小企业信用担保企业中进行一定的股权投资，但是不宜建政府独资企业。参股企业也应采取公司化运作，政府不进行行政干预。其他信用服务企业更应以民间资本为主来构建，采取完全市场化方式运作。当然，政府的引导、扶持是不可或缺的，但这些都是通过提供相应政策环境和条件来实现的，而不以直接干预企业经营活动来进行。

最后，信用服务产业发展需要分类对待、逐步推进，避免一哄而上、重复建设的局面。在不同产业发展阶段，产业发展的机制是有差异的。现阶段辽宁省信用服务产业未具备由市场来发挥主导作用的环境和条件。因此，由政府来引导和扶持信用服务产业在发展初期发挥着关键性的作用。但从长期发展趋势和国际经验来看，待信用服务产业发展到一定的成熟阶段，就应由市场来发挥主导作用，政府更多发挥监管服务的职能。

7.3.4 增设高校信用管理专业，加快专业人才培养

信用管理人才匮乏已成为国际性问题。据国家商务部统计，在今后 5 年内，我国将至少需要 50 万名信用管理经理、200 万名信用管理人员。劳动部保障部推动的（信用调查师、信用分析师、信用评估师、商务调查师和商账追收师）信用管理师国家职业资格认证培训各信用管理专业机构和培训机构举办的不同科目和类型的培训班，如信用担保业系列培训、资信评级类培训、公务员信用知识培训、"商账管理与追收技巧"培训和"企业信用管理应用与实务"培训等。在"信用沈阳"网站公告中，也能看到资格认证考试进展。随着我国信用体系的建设与发展，将为信用专业人才提供越来越多的岗位选择。

教育部高教司有关负责人表示，将加快信用管理专业人才的培养，目前正在研究制定包括信用管理专业在内的金融学教学质量体系。标准普尔、联合资信、Altman、中国信保等机构评级管理数理模型的学习需要时间和专业基础，此外优秀的信用管理师，需要"T"型知识结构，是管理学、经济学、法学等多学科相互渗透的学科，因此，在高校开设信用管理专业及相关课程势在必行。

与国外相比，我国目前的信用管理专业教育发展尚处于起步阶段，仍存在院校教育单一性，偏重理论知识的教育，缺乏应用型教育等问题，尚难以适应市场及企业的需求。目前，信用管理专业是短缺而急需的专业，是管理学类中的一个新专业。作为最早设立信用管理本科专业的高校，人民大学已培养各层次信用管理专业人才数千名，并最新设立宜信信用管理教育基金，这是国内高校第一个专注于信用管理教育领域理论和实践研究的专项基金。该基金将致力于推动信用管理高等教育发展、促进信用管理人才培养，并推动学界和业界在信用研究、人才培养、信用教育、行业交流等领域开展多种合作。同时，将组织以备案的 23 多所高校信用管理专业的专家学者编撰国内首套信用管理专业教材。

此外，对外经济贸易大学开办的全国首届的金融学（信用管理方向）研究生培养项目（Credit Administration Project，CAP），该项目系中国信用风险管理方面的最高层次教育项目，被业内成为中国的"信用黄埔"。2008 年对外经济贸易大学对 CAP 课程进一步优化，推出金融学（信用管理与风险控制方向）研究生课程班，专门培养通晓金融管理、风险控制、信用管理、投资分析的复合型人才。四年来，大部分 CAP 学员反映，他们对自身职业价值都有所提升，目前部

分学生就职国内各大银行风险管理部门，主要信用管理公司的业务骨干以及部分在华外资企业的信用经理，即随着专业视野的开阔、经验、人际关系的丰富，他们的年薪只会越来越高。少数在学术上取得突出成果的同学，其年薪在三年间上涨了五倍，这种升值速度是 MBA 学员望尘莫及的。广东金融学院在信用管理专业的建设模式上也很有探索。

7.3.5 完善区域信用综合评价管理信息系统

辽宁省区域信用管理信息系统是信用体系建设较为重要的一部分，是政府主导模式下的管理效率与风险防控水平的集中体现，其具有评价、预测和管理多种智能，对相关政府信用、企业信用、个人信用之间的关系建立关联路径，特别是在大数据信息时代下，作为风险预警系统基础意义重大。

区域信用管理信息系统主体包括：政府信用、企业信用、个人信用、其他部门。政府信用包括对合法运作的公共权力和竭诚履行公共服务的评价与监督；企业信用是指企业履行合同、遵守法律和承担社会责任能力和意愿，以此为基础在社会上获得的认知和评价；个人信用是通过考察个人收入和资产的经营管理，通过履约义务和道德认知的判断进行评价和监督。此外，在系统平台上有信息公示，相关警示提示，便于社会大众对工商、质检、税收、劳动、海关、检验检疫、食品药品、金融等部门信用状况进行监督。区域社会信用管理信息系统主体互动关系如图 7.2 所示。

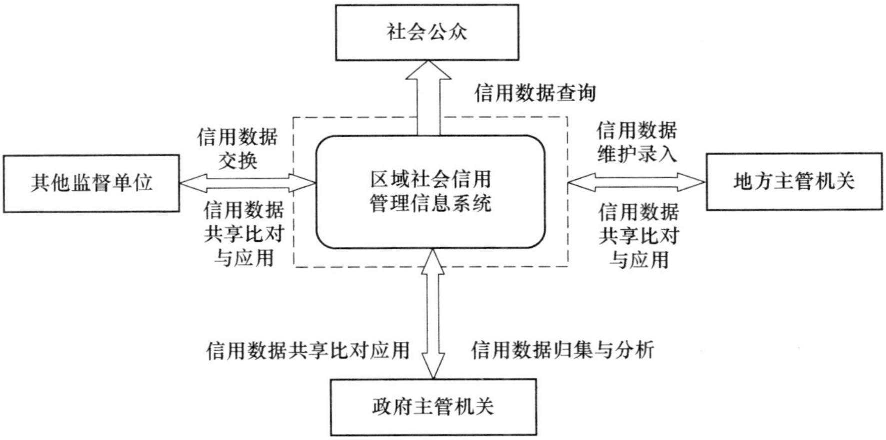

图 7.2 区域社会信用管理信息系统主体互动关系图

区域信用管理信息系统一般包括 5 类用户，在系统操作中分别有不同权限：(1) 公众用户，从系统公众端查询到对外发布的企业信用信息；(2) 查询用户，可以登录信用信息平台，查询到系统内部共享的企业基本信息、资质信息、违法违规记录信息；（3）司局数据库操作用户，除查询权限外，可以对本司局业务领域归集的数据和本用户录入的数据进行修改、删除、共享、发布等操作；（4）地方数据库操作用户，除具有查询用户的权限外，可以对本用户录入的数据进行添加、修改、删除、共享、发布等操作；（5）信用办用户，除具有上述用户权限外，信用办人员还可以对外发布工作通知和政策法规，是权限最高的用户。这5类用户，在使用前均需签署保密协议。

7.3.6 发挥失信惩戒机制支撑作用

失信惩戒机制，即“信用奖惩机制”，是信用经济体系建设中的重要组成部分。该机制形成政府、企业和个人失信记录的警示和传播机制，形成对失信企业和个人的市场联防，让失信企业和个人成为被拒绝信用交易的众矢之的，规范当地市场的经济秩序，保障信用交易规模的扩大。同时，形成对诚实守信的企业进行“物质奖励”的制度。

从作用上看，失信惩戒机制围绕经济性质的处罚发挥作用，间接地对失信行为进行道德谴责。相对地，机制具备奖励功能，奖励诚实守信的企业和个人，拉大市场对失信和守信态度的反差。从效果看，该机制具备震慑作用，力求消除失信动机。从方法上看，需要联合区域信用评价管理信息系统，按照失信行为记录时间顺序，严重程度进行排列，列出“红黑榜”，并对黑榜用户信息和失信行为进行公示。红榜具备绿色通道，再次基础信用关联实践时给予奖励，例如：就业，升职，贷款额度提高，贷款利率降低，税收优惠，客户查询排名靠前等，对于企业可以实施税收优惠等政策。此外，还可以设立“灰榜”，以此作为“预警系统”，警示信用主体用户规范守信。对于以上黑榜或灰榜的信用主体用户，可以通过后续守信行为修复自身信用信息。失信惩戒机制的修复功能示意如图7.3所示。

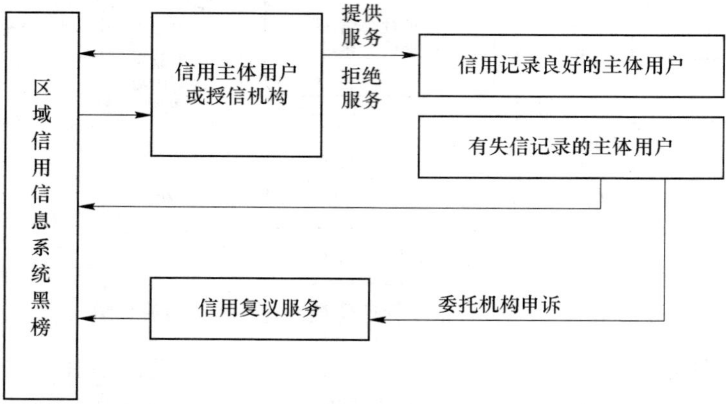

图7.3 失信惩戒机制的修复功能示意图

与此同时，完善社会信用体系的法制建设，包括建立面向政府信用评价系统、企业信用评价系统、个人信用评价系统中的相关信用法律的建设，即构建《政府信用法》《行政程序法》《公平信用报告法》《征信数据采集和保护法》《社会信用服务机构行为管理法》等规范政府诚信行政、各类信息在一定权限下实现共享，信用评价方法和标准公开，社会信用服务机构的监督行为，以及对违反诚信行为进行上述失信惩戒的法律法规和规章制度，细化涉及国家经济秘密与政府经济信息、商业秘密、个人隐私的法律界限，推进公平、公正、公开的法律氛围，构建和谐共赢的信用理念。

7.3.7 加大媒体宣传力度提倡信用经济方式

一是广泛宣传，提高领导和公众对信用经济生活方式的认知水平。要充分利用广播、电视、报纸等新闻媒介，结合移动互联、微信等新兴传播媒体，运用各种灵活多样的形式，多层面、多视角地宣传，追踪报道企业信用评价活动的开展情况，使诚信观念深入人心。让广大干部群众认识到应对经济形式长期和谐共赢发展的重要性和紧迫性。将信用区域信用评价管理信息系统的功能和作用印刷成便民本，推广普及。

二是紧紧抓住影响人民诚信观念形成的关键环节，广泛开展群众路线，通过组织不同形式的组织活动，落实与实践诚信文化的建设，将信用经济融入文明城市、文明社区、文明单位、文明村镇等具有群众性精神文化建设活动中。

三是结合中小学生思想道德建设等，通过课堂教育、课外实践、主题班会等活动，将信用文化建设融入未成年人的思想意识中。

综上，发展信用经济，是我们转变发展观念、创新发展模式、破解发展难题、提高发展质量的重要途径。应通过信用服务产业，以创新驱动助推辽宁省经济可持续发展，科学技术的创新、消费方式的改变和优化、政策法规的完善等措施，大力发展循环经济和信用经济，努力建设资源节约型、环境友好型、低碳导向型社会，实现我国经济社会又好又快发展。

8　基于 AHP 的供应链金融核心企业信用风险综合评价

8.1　层次分析法的基本原理

层次分析法（AHP）的基本原理是：首先将复杂问题分成若干层次，以同一层次的各要素按照上一层要素为准则进行两两判断，比较其重要性，以此计算各层要素的权重，最后根据组合权重并按最大权重原则确定最优方案。由此可见，层次分析法通过分析复杂系统所包含的因素及其相互关系，将问题分解为不同的要素，并将这些要素归并为不同的层次，从而形成一个多层次的分析结构模型。在每一层次可按某一规定准则，对该层要素进行逐一对比，写成矩阵形式，构成并建立判断矩阵。通过判断矩阵的最大特征及其相对应的特征向量的计算，得出该层次要素对于该准则的权重在此基础上进而计算出各层次要素对于总体目标的组合权重，从而得出不同设想方案的权值，为选择最优方案提供依据。

层次分析法的特点是：（1）分析思路清楚，可将系统分析人员的思维过程系统化、数学化和模型化，提供了层次思维框架，便于整理思路，做到结构严谨；（2）分析时所需要的定量数据不多，但要求对问题所包含的因素及其相关关系具体而明确；（3）通过对比进行标度，增加了判断的客观性把定性判断与定量推断结合，增强科学性和实用性；（4）这种方法适用于多准则、多目标的复杂问题的决策分析，广泛用于地区经济发展方案比较、科学技术成果评比、资源规划和分析以及企业人员素质测评等方面。正是基于这样的理念和特点，层次分析法对于系统性和整体性较强、目标较多、难以直接量化和测定的商业银行信用评级而言十分适用。

8.2　供应链金融核心企业信用风险影响因素

考虑到本节研究前提基于融通仓融资模式，结合前面对融通仓融资模式主要风险的分析，并参照国内外学者对这方面的相类似的研究，从三个方面考虑信用风险的影响因素，这三个方面包括：

（1）偿债能力。偿债能力是企业信用状况的最主要表现，也是企业信用评价的首要指标。企业偿债能力及反映企业经营风险的高低，又反映企业利用负债从事经营活动能力的强弱。反映企业偿债能力的指标主要有：资产负债率、流动比率、速动比率、现金比率、逾期债务比率、利息保障倍数等。

（2）营运能力。营运能力是指通过企业生产经营资金周转速度等有关指标所反映出来的资金利用的效率，它表明企业管理人员经营管理、运用资金的能力。企业生产经营资金周转的速度越快，表明企业资金利用效果越好、效率越高、企业管理人员的经营能力越强。营运能力的大小对盈利的持续增长与偿债能力的不断提高，产生决定性的影响。反映企业营运能力的指标主要有存货周转率、应收账款周转率、流动资产周转率、固定资产周转率和总资产周转率。

（3）盈利能力。盈利能力是企业信用的基础，企业只有盈利，才有可能按期偿还债务，它反映出企业在经营过程中获取利益的能力，是企业管理水平和经营业绩的集中体现。盈利能力是企业赖以生存的基础，衡量企业盈利能力的指标很多，主要有：销售净利率、销售毛利率、资产报酬率和净资产收益率等。

供应链金融核心企业信用风险指标预选表如表 8.1 所示。

表 8.1 核心企业信用风险指标预选表

一级指标	二级预选指标
偿债能力	资产负债率、流动比率、产权比率、速动比率等
营运能力	应收账款周转率、流动资产周转率、总资产周转率等
盈利能力	销售净利率、净资产收益率、成本费用利润率、总资产报酬率等

8.3 供应链金融核心企业信用风险指标体系构建

8.3.1 指标筛选

企业信用风险评价的预选指标数量多，有些指标之间有很高相关性，反映的信息在一定程度上有重叠，有的指标数据难以收集，不能满足评价指标的设立原则要求，因此有必要对预选指标做进一步筛选，通过相应的检验，确定比较科学合理的指标体系，尽可能地满足指标的设置原则。同时，评价指标不是越多越好，应该用尽可能少的指标，体现尽可能多的信息。对预选指标要进行简约化处理，通常采用相关性分析。

8.3.2 相关性分析

一般而言，社会经济指标间通常都存在着一定程度的相关关系，若指标体系中存在着高度相关的指标，会影响评价结果的客观性，所以就要通过相关分析消除高度相关的指标。相关性分析的方法通常是计算两两指标间的相关系数，相关系数越大说明指标间的相关性越大，反之亦然。相关系数公式如下所示：

$$r = \frac{\sum_{i=1}^{n}[(X_i - \bar{X})(Y_i - \bar{Y})]}{\sqrt{\sum_{i=1}^{n}(X_i - \bar{X})^2} \times \sqrt{\sum_{i=1}^{n}(Y_i - \bar{Y})^2}} \tag{8.1}$$

在进行相关性分析时要根据实际问题确定一个相关系数的临界值 a，临界值的确定要根据实际情况做出相应的调整。如果 $|r| > a$，说明两个指标显著相关，可删除其中的一个指标，如果 $|r| < a$ 则两个指标均保留。通常认为临界值为 0.6，本节也将临界值定为 0.6。根据上述原理，进行指标分类，见表 8-2。

表 8.2　指标分类表

保留指标	删除指标	相关系数
资产负债率	产权比率	0.890
流动比率	速动比率	0.996
销售净利率	成本费用利润率	0.897
净资产收益率	总资产报酬率	0.713
流动资产周转率	总资产周转率	0.631

8.3.3　指标体系的构建

经过上述分析和筛选，最终构建供应链融资信用风险评价指标体系。该指标体系共划分为三个层次：即目标层 U，一级准则层 U_i，二级准则层 U_{ij}，见表 8.3。

表 8.3　指标体系

目　标　层	准则层	指　标　层
供应链金融核心企业信用风险指标体系	盈利能力 U_1	销售净利率 U_{11}
		净资产收益率 U_{12}
	营运能力 U_2	应收账款周转率 U_{21}
		流动资产周转率 U_{22}
	偿债能力 U_3	资产负债率 U_{31}
		流动比率 U_{32}

8.4　AHP 确定指标权重

8.4.1　建立判断矩阵

建立判断矩阵是 AHP 决策分析中一个关键步骤。判断矩阵表示针对上一层次中的某元素而言，评定该层次中各有关元素相对重要性程度的判断，其形式如下：

$$B=\begin{pmatrix} b_{11} & \cdots & b_{1n} \\ \vdots & \ddots & \vdots \\ b_{n1} & \cdots & b_{nn} \end{pmatrix} \quad 或者 B=(b_{ij}) \quad (i,\ j=1,\ 2,\ \cdots,\ n) \quad (8.2)$$

上述评价的预选指标数量多，同时在该层次范围内，通过各因素的两两比较，可以确定各因素的权重。为了使各个标准，或在某一标准下各因素便于两两比较其重要性（或优劣性），层次分析法用标度表示相对各因素的重要性了，本节根据企业信用评级权重调查表（见表 8.4），并采用标度法对各指标进行两两比较。

表 8.4 企业信用评级权重调查表

标度	含　义
1	表示两个元素相比，具有同样的重要性
3	表示两个元素相比，前者比后者稍微重要
5	表示两个元素相比，前者比后者明显重要
7	表示两个元素相比，前者比后者强烈重要
9	表示两个元素相比，前者比后者极端重要
2、4、6、8	表示上述相邻判断的中间值
倒数	若元素 S_i 与 S_j 的重要性为 a_{ij}，那么元素 S_j 与 S_i 的重要性为 $1/a_{ij}$

8.4.2 计算各因素权重

根据上述建立的判断矩阵，求出与之相应的特征向量，即得出企业信用评价各因素在同一标准下的权重。

（1）计算判断矩阵的每行元素的积：

$$M_i=\prod_{j=1}^{n} b_{ij} \quad (i=1,\ 2,\ \cdots,\ n) \tag{8.3}$$

（2）计算 m 行的 n 次方根值：

$$\overline{W}_i=\sqrt[n]{M_i} \tag{8.4}$$

（3）对向量做归一化处理：

$$W_i=\frac{\overline{W}_i}{\sum_{i=1}^{n}\overline{W}_i} \tag{8.5}$$

8.4.3　一致性检验

理想的判断矩阵应该很好地满足一致性条件，也就是判断矩阵的因素之间的比较值应该符合逻辑，如果判断矩阵不能满足逻辑上的一致，那么判断矩阵就失去了意义，必须重新构建。在实际应用中，由于各人偏好以及知识水平的差异判断矩阵的一致性总是存在一定的缺陷，因此采用一致性指标（consistency index，*CI*）来衡量判断矩阵的一致性。当矩阵的阶数大于等于 2 时，就要进行一致性检验。

$$CI = (\lambda_{max} - n)/(n - 1) \tag{8.6}$$

式中，*CI* 为一致性指标；n 为判断矩阵的阶数；λ_{max}为判断矩阵的最大特征值。

$$\lambda_{max} = \frac{1}{n}\sum_{i=1}^{n}\frac{BW_i}{W_i} \tag{8.7}$$

当 $\lambda_{max}=0$，$CI=0$ 为完全一致性；*CI* 值越大，矩阵的完全一致性越差。一般只要 $CI \leqslant 0.1$，认为矩阵的一致性可以接受，否则需要重新进行比较。矩阵的阶数越大，一致性将越差，故放宽了对高阶比较矩阵一致性的要求，引入了随机性指标（random index，*RI*）。*RI* 是一个固定值，可从平均随机一致性检验标准值表 8.5 中查得引入修正自由度 *RI*，计算出一致性率 *CR*。

$$CR = CI/RI \tag{8.8}$$

当 $CR \leqslant 0.1$ 时，认为判断矩阵的一致性可以接受。

当 $CR > 0.1$ 时，就需要调整和修正判断矩阵，使其满足前述条件。

表 8.5　平均随机一致性检验标准值表

阶数	2	3	4	5	6	7	8	9	10	11
RI	0	0.58	0.9	1.12	1.24	1.32	1.41	1.45	1.49	1.52

8.4.4　计算合成权重

$$b_{ij} = \frac{1}{n}\sum_{k=1}^{n}(b_{ij})_k \tag{8.9}$$

式中，$(b_{ij})_k$ 代表第 k 位专家对指标 i 第 j 级的重要程度的量值；n 是调查表的有效数量。确定最终后运用上述权重计算方法计算合成权重并进行一致性检验。

8.4.5　评价企业信用得分

评级人员根据表 8.6 对企业各项指标进行评分。根据信用综合评价值，对照信用等级评价表 8.7 来综合评价企业信用等级和信用状况。

表 8.6 评分准则表

等级	极好	很好	较好	较差	很差	极差	介于两相邻等级之间
得分	10	8	6	4	2	0	9，7，5，3，1

表 8.7 信用等级评价表

综合评价值	信用等级	信用状况	说明
90~100	AAA	信用卓越	企业信用程度很高、债务风险很小，该类企业资金实力雄厚，资产质量优良，各项指标现金，经营状况佳，盈利能力强，经济效益明显，发展前景广阔，清偿致富能力强，不确定性因素对其经营与发展影响极小，陷入财务困境可能性极小
80~90	AA	信用很好	企业信用程度高、债务风险小，该类企业资金实力较强，资产质量较好，各项指标先进，经营状况较佳，盈利水平较强，经济效益稳定，发展前景较为广阔，有较强的清偿支付能力
70~80	A	信用良好	企业信用程度良好，在正常情况下偿还债务没有问题。该类企业资金、资产质量尚可，各项指标处于中上等水平，经营处于良性循环状态，不确定性因素对其经营发展的影响小
60~70	BBB	信用一般	企业信用程度一般，偿还能力一般该类企业资金和财务状况佳，各项指标处于中等水平，但其经营状况、盈利水平及未来发展易受不确定因素的影响，偿债能力有波动
50~60	BB	信用欠佳	企业信用程度较差，偿债能力欠佳，该类企业资金和财务状况较差，各项指标处于较低水平，未来发展不明朗，清偿与支付能力不佳，一旦处于恶劣经济环境下，有可能发生逃债
40~50	B	信用较差	企业信用程度较差，偿债能力较弱，该类企业一旦处于恶劣经济环境下，有可能发生倒债，但目前尚有能力还本付息
30~40	CCC	信用很差	企业信用很差，企业盈利能力和偿债能力很弱，该类企业对投资者投资安全保障小，存在重大风险和不稳定性，几乎没有偿债能力
20~30	CC	信用极差	企业信用极差企业已处于亏损状态，对投资者而言具有高度的投机性，没有偿债能力
10~20	C	没有信用	企业无信用，基本无力偿还债务本息，亏损严重已接近破产
0~10	D	没有信用	企业已濒临破产

8.5 辽宁省制造业典型企业供应链信用评价实证研究

8.5.1 典型企业介绍

8.5.1.1 沈阳机床的供应链体系

沈阳机床股份有限公司，是由沈阳第一机床厂、中捷友谊厂和辽宁精密仪厂三家联合发起，于 1993 年 5 月成立，经沈阳市经济体制改革委员会沈体改

〔1992〕31号文件批准设立的股份制企业。1996年7月，经中国证券监督管理委员会证监发审字〔1996〕112号文件批准，向社会公开发行人民币普通股5400万元，发行后公司总股本为215823518元，并在深圳证券交易所上市交易。集团公司致力于机械设备制造，机床制造，机械加工，进出口贸易（持证经营）；国内一般商业贸易（国家专营、专卖、专控除外）批发、零售；代购、代销、代储、代运；经济信息咨询服务；承包境外机械行业工程及境内国际招标工程；上述境外工程所需的设备、材料出口；对外派遣实施上述境外工程所需要的劳务人员。

自2000年以来，企业经济规模连续七年实现高速增长。销售收入增长11倍，机床产量增长11倍。中高档数控机床批量进入国家重点行业的核心制造领域，为汽车、国防军工、航空航天等行业提供的数控机床已占数控机床总销量的70%以上；公司已具备为国家重点项目提供成套技术装备的能力，为上海磁悬浮列车项目提供4条轨道梁加工生产线，标志沈阳机床在该领域的研发与制造能力已达到国际先进水平；为奇瑞汽车成功提供四条发动机缸体、缸盖生产线，标志国产高档数控机床首次批量打入汽车零部件核心制造领域，从而结束了国外制造商在这一领域的垄断局面。

沈阳机床股份有限公司坚持采用新技术、新材料来提升产品质量。其数控刀架分公司采用微晶合金LZA4205蜗轮专用材料成功替代了ZQSn6-6-3铜合金，使沈阳机床的数控刀架产品在质量方面得到进一步提高，同时在成本方面得到控制，极大提升了沈阳机床的产品竞争力。现沈阳数控机床产业园已完成搬迁，并已实现了专业化重组。现有九个整机企业，分别为：沈阳第一机床厂、中捷机床有限公司、沈一车床厂、中捷钻镗床厂、沈一希斯数控机床事业部、中捷立式加工中心事业部、成套设备有限责任公司、激光技术事业部、菲迪亚数控机床有限公司。通过专业化重组、业务流程再造和全面信息化建设，沈阳数控机床产业园最终将成为现代化的、全球规模最大的（单体）数控机床制造基地。

8.5.1.2　抚顺特钢

抚顺特殊钢股份有限公司由抚顺特殊钢（集团）有限责任公司、冶金部北京钢铁设计研究总院、中国第三冶金建设公司、中国东北电力集团公司抚顺供电公司、吉林铁合金集团有限责任公司及吉林炭素股份有限公司共同发起，以发起设立方式设立的股份有限公司，设立时公司总股本为40000万股。经2000年12月13日向社会公开发行人民币普通股12000万股后，公司总股本已达52000万股。经营范围包括经营本企业自产产品及技术的出口业务和本企业所需的机械设备、零配件、原辅材料及技术的进口业务（国家限定公司经营或禁止进出口的商品及技术除外），钢冶炼、压延钢加工，冶金技术服务，工业气体（含液体）制造、销售。

8.5.1.3 中铁物流

中铁铁龙集装箱物流股份有限公司是一家在辽宁省大连市注册的股份有限公司，于1993年2月16日经大连市经济体制改革委员会大体改委发〔1992〕48号文批准，由原大连铁路分局、大连铁路经济技术开发总公司等五家发起人共同发起，采用定向募集方式设立的股份有限公司。于1998年5月11日，在上海证券交易所上市。经营范围包括：铁、公、水路运输；货物专用运输（集装箱）；仓储；货物装卸；设备租赁；集装箱现场维修；承办陆路、水路、航空国际货运代理业务（包括揽货、订舱、中转、集装箱拼装拆箱、报关、报验、相关短途运输服务及咨询业务）；物流技术开发、技术服务；化工产品（不含危险化学品及一类制毒化学品）、危险化学品（详见危险化学品经营许可证）批发；货物、技术进出口、国内一般贸易（法律、法规禁止的项目除外；法律、法规限制的项目取得许可证后方可经营）；（以下仅限分公司经营）销售蔬菜、果品、肉、禽、蛋及水产品、预包装食品及散装食品等服务。

之所以选择上述三家企业是因为其业务相关关联，抚顺特钢作为沈阳机床上游企业，其产品一定程度上满足沈阳机床集团的业务要求，是其供应商之一。沈阳机床相关产品依赖于中铁物流公司进行配送和运输，是供应链物流环节的重要合作伙伴。在上述假设前提下，下面将通过AHP分析法对三家企业供应链进行信用风险评价，首先将三家企业2010~2013年的财务比率指标汇总表8.8。

表8.8 沈阳机床、抚顺特钢、中铁物流2010~2013年财务比率指标汇总表

指标层	年份	沈阳机床	抚顺特钢	中铁物流
销售净利率 U_{11}（%）	2010	1.734	0.5898	21.8164
	2011	1.1454	0.473	17.3483
	2012	0.4346	0.4173	11.2445
	2013	0.4655	0.4247	9.8416
净资产收益率 U_{12}（%）	2010	86.7605	146.2538	39.6954
	2011	95.167	155.6954	38.6155
	2012	104.0549	168.9303	33.8663
	2013	68.5283	181.0056	33.9759
应收账款周转率 U_{21}（次）	2010	3.8178	10.8715	31.1633
	2011	4.0686	8.4558	38.2856
	2012	2.2942	7.1094	69.7567
	2013	1.5011	7.0727	42.3728

续表 8.8

指 标 层	年份	沈阳机床	抚顺特钢	中铁物流
流动资产周转率 U_{22}（次）	2010	1.0973	1.4614	1.2655
	2011	1.0873	1.2136	1.3254
	2012	0.7853	0.8744	1.5283
	2013	0.6343	0.8409	1.3921
资产负债率 U_{31}（%）	2010	85.2209	74.0361	8.8642
	2011	86.8213	78.4717	10.2912
	2012	87.5378	83.1382	14.2827
	2013	83.3668	85.1243	19.4036
流动比率 U_{32}（%）	2010	1	0.8791	10.2963
	2011	0.9289	0.8653	7.8536
	2012	0.9174	0.7758	5.1343
	2013	0.9873	0.7201	3.3745

8.5.2 供应链金融典型企业信用风险评价

(1) 指标权重的计算。计算信用评价指标权重并进行一致性检验，利用第二层各个指标权重对营运能力的各指标进行两两比较，构造判断矩阵，见表 8.9。

表 8.9 U_{1i} 指标权重

U_{1i}	U_{11}	U_{12}		U_{11}	U_{12}	优先权重	AW	
U_{11}	1	0.5882	归一化	0.37037	0.370356	0.370363	0.740716	1.99997
U_{12}	1.7	1	列向量	0.62963	0.629644	0.629637	0.740716	1.176418
						特征向量		
列之和	2.7	1.5882				特征值	1.588194	
$CI=-0.41181$				$RI=0.58$		$CR=-0.71001<0.1$		

将第二层两个指标两两比较，并输入模型，计算得到判断矩阵的特征值 1.25，$CI=-0.75$，$CR=-1.2931<0.1$，因此通过一致性检对盈利能力的各个指标进行两两比较，构造判断矩阵，见表 8.10。

表 8.10 U_{2i} 指标权重

U_{2i}	U_{21}	U_{22}		U_{21}	U_{22}	优先权重	AW	
U_{21}	1	0.2	归一化	0.166667	0.166667	0.166667	0.333333	2

续表 8.10

U_{2i}	U_{21}	U_{22}		U_{21}	U_{22}	优先权重	AW	
U_{22}	5	1	列向量	0.833333	0.833333	0.833333	0.33333	0.4
						特征向量		
列之和	6	1.2				特征值	1.2	
$CI=-0.8$			$RI=0.58$			$CR=-1.37931<0.1$		

将第二层两个指标两两比较，并输入模型，计算得到判断矩阵的最大特征值1.2，$CI=-0.8$，$CR=-1.379<0.1$，因此通过一致性检验对偿债能力的各个指标进行两两比较，构造判断矩阵，见表8.11。

表 8.11 U_{3i}指标权重

U_{3i}	U_{31}	U_{32}		U_{21}	U_{22}	优先权重	AW	
U_{31}	1	1.3043	归一化	0.566027	0.566029	0.566028	1.132058	2.000003
U_{32}	0.7667	1	列向量	0.433973	0.433971	0.433972	1.132058	2.608596
						特征向量		
列之和	1.7	2.3043				特征值	2.304299	
$CI=-0.304299$			$RI=0.58$			$CR=0.524654<0.1$		

将第二层两个指标两两比较，并输入模型，计算得到判断矩阵的最大特征值2，$CI=0$，$CR=0<0.1$，因此通过一致性检验，见表8.12。

表 8.12 第一指标层权重

总目标	U_1	U_2	U_3		U_1	U_2	U_3	优先权重	AW	
U_1	1	3	0.5	归一化	0.300003	0.375	0.285714	0.320239	0.96666	3.018556
U_2	0.33	1	0.25	列向量	0.099991	0.125	0.142875	0.122616	0.3686	3.006441
U_3	2	4	1		0.600006	0.5	0.571429	0.557145	1.6881	3.029889
								特征向量		
列之和	3.33	8	1.75					特征值	3.0183	
$CI=0.009148$				$RI=0.58$				$CR=0.015777<0.1$		

将第一层3个指标两两比较，并输入模型，计算得到判断矩阵的特征值$RI=3.018296$，$CI=0.009148$，$CR=0.015772<0.1$，因此通过一致性检验。

（2）得到指标权重。根据前几个表所计算得出各层的各个指标权重值，可以得出供应链金融核心企业信用风险指标权重表（保留4位小数），见表8.13。

表 8.13　核心企业信用风险指标体系权重

目标层	准则层	权重	指标层	权重
供应链金融企业信用风险指标体系	盈利能力 U_1	0.3202	销售净利率 U_{11}	0.3704
			净资产收益率 U_{12}	0.6296
	营运能力 U_2	0.1226	应收账款周转率 U_{21}	0.1667
			流动资产周转率 U_{22}	0.8333
	偿债能力 U_3	0.5572	资产负债率 U_{31}	0.5660
			流动比率 U_{32}	0.5340

（3）计算企业信用综合评分值，确定企业信用等级。根据各企业 4 年来总体变化情况具体数据进行打分，得到初始得分结果，结合指标权重，计算各指标合成得分，其中最后得分保留一位小数，然后将评分结果汇总。以下将分别计算 2010~2013 年三个企业信用评价值并得出信用等级，进行比较分析。

（4）计算结果：

1）2013 年沈阳机床公司评分汇总情况，见表 8.14。

表 8.14　2013 年沈阳机床评分汇总表

准则层	加权得分	指标层	加权得分	初始得分
盈利能力 U_1	8.6296	销售净利率 U_{11}	2.9632	8
		净资产收益率 U_{12}	5.6664	9
营运能力 U_2	7.1667	应收账款周转率 U_{21}	1.3336	8
		流动资产周转率 U_{22}	5.8331	7
偿债能力 U_3	8.2660	资产负债率 U_{31}	4.5280	8
		流动比率 U_{32}	3.7380	7

根据表 8.14，计算 2013 年该公司信用综合评价值 V：

$V=(8.6296\times0.3202+7.1667\times0.1226+8.2660\times0.5572)/10\times100=82.5$ 分

结合信用评价表，可知该公司信用等级评定为 AA 级。

2）2013 年抚顺特钢信用评分，见表 8.15。

表 8.15　2013 年抚顺特钢信用评分汇总表

准则层	加权得分	指标层	加权得分	初始得分
盈利能力 U_1	5.3704	销售净利率 U_{11}	2.2224	6
		净资产收益率 U_{12}	3.1480	5
营运能力 U_2	6.6666	应收账款周转率 U_{21}	0.8335	5
		流动资产周转率 U_{22}	5.8331	7

续表 8.15

准则层	加权得分	指标层	加权得分	初始得分
偿债能力 U_3	7.7000	资产负债率 U_{31}	3.9620	7
		流动比率 U_{32}	3.7380	7

该公司信用综合评价值 V:

$V=(5.3704\times0.3202+6.6666\times0.1226+7.7\times0.5572)/10\times100=68.3$ 分

结合信用评价表，可知该公司信用等级评定为 BBB 级。

3）2013 年中铁物流评分汇总情况，见表 8.16。

表 8.16 2013 年中铁物流评分汇总表

准则层	加权得分	指标层	加权得分	初始得分
盈利能力 U_1	6.3704	销售净利率 U_{11}	2.5928	7
		净资产收益率 U_{12}	3.7776	6
营运能力 U_2	6.8333	应收账款周转率 U_{21}	1.0002	6
		流动资产周转率 U_{22}	5.8331	7
偿债能力 U_3	7.6680	资产负债率 U_{31}	3.3960	6
		流动比率 U_{32}	4.2720	8

该公司信用综合评价值 V:

$V=(6.3704\times0.3202+6.8333\times0.1226+7.6680\times0.5572)/10\times100=71.5$ 分

根据信用评价表，可知该公司信用等级评定为 A 级。

4）2012 年沈阳机床信用评分汇总情况，见表 8.17。

表 8.17 2012 年沈阳机床评分汇总表

准则层	加权得分	指标层	加权得分	初始得分
盈利能力 U_1	8.0000	销售净利率 U_{11}	2.9632	8
		净资产收益率 U_{12}	5.0368	8
营运能力 U_2	7.1667	应收账款周转率 U_{21}	1.3336	8
		流动资产周转率 U_{22}	5.8331	7
偿债能力 U_3	7.1980	资产负债率 U_{31}	4.5280	8
		流动比率 U_{32}	2.670	5

该公司信用综合评价值 V:

$V=(8\times0.3202+7.1667\times0.1226+7.1980\times0.5572)/10\times100=74.5$ 分

根据信用评价表，可知该公司信用等级评定为 A 级。

5）2012 年抚顺特钢信用评分情况，见表 8.18。

表 8.18　2012 年抚顺特钢信用风险评分表

准则层	加权得分	指标层	加权得分	初始得分
盈利能力 U_1	5.3704	销售净利率 U_{11}	2.2224	6
		净资产收益率 U_{12}	3.1480	5
营运能力 U_2	5.6666	应收账款周转率 U_{21}	0.6668	4
		流动资产周转率 U_{22}	4.9998	6
偿债能力 U_3	7.1660	资产负债率 U_{31}	3.9620	7
		流动比率 U_{32}	3.2040	6

该公司信用综合评价值 V：

$V=(5.3704\times0.3202+5.6666\times0.1226+7.1660\times0.5572)/10\times100=64.1$ 分，根据信用评价表，该公司信用等级评定为 BBB 级。

6）2012 年中铁物流信用评分情况，见表 8.19。

表 8.19　2012 年中铁物流信用评分汇总表

准则层	加权得分	指标层	加权得分	初始得分
盈利能力 U_1	7.0000	销售净利率 U_{11}	2.5928	7
		净资产收益率 U_{12}	4.4072	7
营运能力 U_2	7.6666	应收账款周转率 U_{21}	1.0002	6
		流动资产周转率 U_{22}	6.6664	8
偿债能力 U_3	7.1340	资产负债率 U_{31}	3.3960	6
		流动比率 U_{32}	3.7380	7

该公司信用综合评价值 V：

$V=(7\times0.3202+7.6666\times0.1226+7.134\times0.5572)/10\times100=71.6$ 分

根据信用评价表，该公司信用等级评定为 A 级。

7）2011 年沈阳机床信用评分汇总情况，见表 8.20。

表 8.20　2011 年沈阳机床信用评分汇总表

准则层	加权得分	指标层	加权得分	初始得分
盈利能力 U_1	8.0000	销售净利率 U_{11}	2.9632	8
		净资产收益率 U_{12}	5.0368	8
营运能力 U_2	7.0000	应收账款周转率 U_{21}	1.1669	7
		流动资产周转率 U_{22}	5.8331	7
偿债能力 U_3	7.1660	资产负债率 U_{31}	3.9620	7
		流动比率 U_{32}	3.2040	6

该公司信用综合评价值 V:

$V=(8\times0.3202+7\times0.1226+7.166\times0.5572)/10\times100=74.1$ 分

根据信用评价表，该公司信用等级评定为 A 级。

8）2011 年抚顺特钢集团信用汇总情况，见表 8.21。

表 8.21 2011 年抚顺特钢信用评分汇总表

准则层	加权得分	指标层	加权得分	初始得分
盈利能力 U_1	6.3704	销售净利率 U_{11}	2.5928	7
		净资产收益率 U_{12}	3.7776	6
营运能力 U_2	5.8333	应收账款周转率 U_{21}	0.8335	5
		流动资产周转率 U_{22}	4.9998	6
偿债能力 U_3	6.5680	资产负债率 U_{31}	2.8300	6
		流动比率 U_{32}	3.7380	7

该公司信用综合评价值 V:

$V=(6.3704\times0.3202+5.8333\times0.1226+6.5680\times0.5572)/10\times100=64.1$ 分

根据信用评价表，该公司信用等级评定为 BBB 级。

9）2011 年中铁物流信用评分汇总情况，见表 8.22。

表 8.22 2011 年中铁物流评分汇总表

准则层	加权得分	指标层	加权得分	初始得分
盈利能力 U_1	8.0000	销售净利率 U_{11}	2.9632	8
		净资产收益率 U_{12}	5.0368	8
营运能力 U_2	7.6666	应收账款周转率 U_{21}	1.0002	6
		流动资产周转率 U_{22}	6.6664	8
偿债能力 U_3	7.6680	资产负债率 U_{31}	3.3960	6
		流动比率 U_{32}	4.2720	8

该公司信用综合评价值 V:

$V=(8\times0.3202+7.6666\times0.1226+7.668\times0.5572)/10\times100=77.7$ 分

根据信用评价表，该公司信用等级评定为 A 级。

10）2010 年沈阳机床信用评分汇总情况，见表 8.23。

表 8.23 2010 年沈阳机床评分汇总表

准则层	加权得分	指标层	加权得分	初始得分
盈利能力 U_1	7.3704	销售净利率 U_{11}	2.9632	8
		净资产收益率 U_{12}	4.4072	7

续表 8.23

准则层	加权得分	指标层	加权得分	初始得分
营运能力 U_2	8.0000	应收账款周转率 U_{21}	1.3336	8
		流动资产周转率 U_{22}	6.6664	8
偿债能力 U_3	7.7320	资产负债率 U_{31}	4.5280	8
		流动比率 U_{32}	3.2040	6

该公司信用综合评价值 V：

$V=(7.374\times0.3202+8\times0.1226+7.732\times0.5572)/10\times100=76.5$ 分

根据信用评价表，该公司信用等级评定为 A 级。

11）2010 年抚顺特钢信用评分汇总情况，见表 8.24。

表 8.24　2010 年抚顺特钢信用评分汇总表

准则层	加权得分	指标层	加权得分	初始得分
盈利能力 U_1	6.0000	销售净利率 U_{11}	2.2224	6
		净资产收益率 U_{12}	3.7776	6
营运能力 U_2	7.0000	应收账款周转率 U_{21}	1.1669	7
		流动资产周转率 U_{22}	5.8331	7
偿债能力 U_3	8.2340	资产负债率 U_{31}	3.9620	7
		流动比率 U_{32}	4.2720	8

该公司信用综合评价值 V：

$V=(6\times0.3202+7\times0.1226+8.234\times0.5572)/10\times100=73.7$ 分

根据信用评价表，该公司信用等级评定为 A 级。

12）2010 年中铁物流公司信用评分汇总情况，见表 8.25。

表 8.25　2010 年中铁物流信用评分汇总表

准则层	加权得分	指标层	加权得分	初始得分
盈利能力 U_1	6.3704	销售净利率 U_{11}	2.5928	7
		净资产收益率 U_{12}	3.7776	6
营运能力 U_2	4.1667	应收账款周转率 U_{21}	0.8335	5
		流动资产周转率 U_{22}	3.3332	4
偿债能力 U_3	7.7000	资产负债率 U_{31}	3.9620	7
		流动比率 U_{32}	3.7380	7

该公司信用综合评价值 V：

$V=(6.3704\times0.3202+4.1667\times0.1226+7.7\times0.5572)/10\times100=68.4$ 分

根据信用评价表，该公司信用等级评定为 BBB 级。

8.5.3 实证评价结果与分析

依据供应链金融企业信用评价指标体系，利用层次分析法对沈阳机床，抚顺特钢，中铁物流三个典型企业的信用状况进行综合评价。评价结果表明：中铁物流 2008~2011 年信用等级分别为：BBB、BBB、BBB、A；抚顺特钢 2010-2013 年信用等级分别为：A、A、A、BBB；沈阳机床在 2009~2013 年龄段上信用等级分别为：AA、A、A、A。

2008 年，金融危机对三家企业都造成了一定影响，沈阳机床和中铁物流信用评分分别下降 2.4 分和 9.6 分。抚顺特钢企业信用等级下降了一个级别，其中该企业营运能力的下降是导致整个企业信用下降的重要原因，表现为应收账款周转率下降 70%，流动资产周转率下降 80%。此后，两个企业信用情况都有不同幅度的提升，但沈阳机床上升趋势明显，信用评分分数分别以每年 4.2 分的趋势上涨，而中铁物流则以每年 2.1 分的趋势上涨。相比之下可以看出，沈阳机床信用程度处于较好水平，在正常情况下偿还债务没有问题，且公司资金实力强、资产质量好，各项经济指标先进，经营状况较佳，经济效益稳定，有较强的偿债能力。若对这三个企业所在供应链中的中小微企业进行投资，考虑信用风险程度，可以看出沈阳机床的信用状况非常好，很适合作为供应链融资的核心企业，一定程度上，有利于整个供应链信息体系的增强。图 8.1 显示出三个企业综合信用评价值的变化情况。

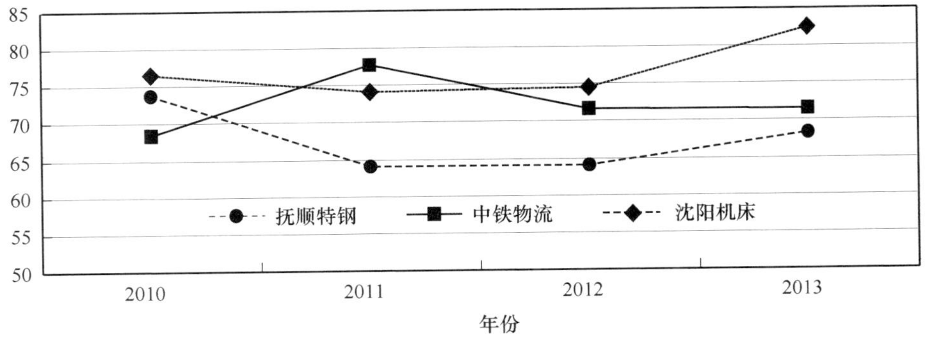

图 8.1 供应链金融典型企业的信用等级趋势图

供应链金融从新的视角评估企业的信用风险，打破了原来金融机构孤立考察单一企业静态信用的思维模式，将针对单个企业的风险管理转变为供应链的风险管理。金融机构对企业的信用评级不再单单强调企业所处的行业、企业规模、固定资产价值、财务指标和担保方式，转而开始更强调企业的单笔贸易真实背景和供应链中核心企业的实力和信用水平。它根据特定产品供应链上的真实贸易背景和核心企业的信用水平，以企业贸易行为所产生的确定未来现金流为直接还款来源，配合金融机构的各种金融产品对企业进行单笔或额度授信。这使得金融机构能借助与企业有产业合作关系的核心企业的信用，或者以两者之间的业务合同担保，同时依靠第三方物流企业等的参与来共同分担企业贷款风险。

9　应用案例分析——M公司应收账款融资案例

9.1　案例介绍

9.1.1　M公司简介

M公司于2002年11月注册成立，位于沈阳经济技术开发区，是沈西工业走廊起点和沈阳装备制造业聚集区，公交、地铁、高速便利，产业配套齐全，人力资源丰富。主要从事螺旋CT、磁共振等数字医疗设备和精密数控机床及配件等研发、制造。注册资金200万美元，建有7000多平方米现代化厂房和办公楼。

目前公司处于供不应求状态，通过扩大生产规模，不但可以满足客户市场扩展需要，同时也有利于吸引包括F在内的多家跨国公司来沈合作，补充经济区产业结构丰富和优化，有利于增添沈阳经济发展的新亮点。

（1）工作基础。M公司自2002年开始为螺旋CT系统配套生产机械总成以及部分电气控制安装等，十多年合作经历，在螺旋CT、磁共振等数字医疗系列产品制造方面积累了丰富经验和人才。

（2）技术成熟程度。多年来，M公司在医疗设备制造方面储备了大量经验丰富的技术、质量、生产管理人员和机械加工、装配、检验方面的技师队伍。形成以数控加工中心为主的制造能力和众多经验非常丰富的装配技术人员和技术工人。同时，多年与国际一流公司合作，建立起符合国际化需要的管理体系、业务流程、作业规范。应用ERP软件使工作质量和效率进一步提高。

（3）技术创新情况。主要产品：公司是K医疗系统有限公司（简称K公司）的主要供应商和研发基地，配套生产医用“螺旋CT机”主机、扫描床、检测器和直接数字X光机、心脑血管检测系统（CV）等；包括单层、双层、16层、64层等四大类10多种CT产品和扫描床，磁共振床，与美国EVERITE公司、SECTO公司等客户合作，生产用于精密加工的电化学磨床、精密滑台等；具备制造数控加工中心能力，已制造包括大型龙门、立式、卧式等各种类型加工中心。

9.1.2 M 公司发展机遇

第一，大型高端数字医疗产品产业化显得尤为重要。

全球可以生产大型医疗设备的公司为数不多，尤其生产 CT 类产品公司只有五六家。而 F 和 K 是可以制造 CT 产品的二家重要公司。M 公司是 K 公司的战略供应商，荣获最佳战略合作奖；具有 13 年以上 CT 主机、扫描床等机械总成制造经验；参与了全部 CT 类产品的相关配套业务，包括单、双层 CT、16 层 CT 和各款扫描床的试制和量产；2010 年 CT 类产品交付占 70%。M 公司同时为香港美时公司研制多功能磁共振医疗床，并已逐渐量产。

第二，企业专注生产十多年，市场份额有优势。

M 公司自 2002 年成立以来，一直致力于数字医疗产品配套工作。十多年的行业经验，以及与跨国公司合作使我们培养了一批熟悉医疗产品制造和研制的技术、质量、生产人员和管理团队，并建立起一整套符合国际化需要的管理体系和规范。在医疗产业公司和客户中建立起优质、高效的品牌和形象；在业内形成较强的知名度，很多医疗设备公司慕名前来洽谈合作。

PNMS 是 F 和 K 的合资公司，通过二个渠道进入全球市场，沈阳制造的 16 层 CT 成本只是 PHILIPS 在美国克里夫兰工厂的 50%，计划替代美国制造，进一步增强市场竞争力和综合收益。

磁共振床合作方香港美时公司，是新加坡李显龙弟弟参股的公司，因此在亚太市场有较大优势，在上海和江苏都建有基地，目标为国内最大的磁共振制造商。而 M 是其床体独家供应商。

M 公司目前占 KF 公司采购 70%份额；由于参与研发，所以成为香港美时医疗公司磁共振床体的独家供应商；

类似产品供应商在 S 市有两家：一家为国有校办工厂，由于效率和管理以及体制原因，不适合 F 医疗公司和 K 医疗公司新产品优选供应商范围；另一家，私营公司，没有批量生产能力和独立管理团队，只相当于 M 公司 20%左右规模，不具备国际化条件。

第三，技术过硬。

（1）产品原理。

1）CT 的成像技术。CT 与常规 X 线摄影一样，它的成像也是利用 X 线的原理。不同的人体组织对 X 线的吸收有不同的衰减系数。CT 是应用数字成像模式的典型。跟 CR 和 DR 不同，CT 不是直接测量，而是间接计算的过程。

螺旋扫描是断层扫描进化，是在应用滑环技术基础上发展的一项新的扫描方式。X 线球管围绕机架连续旋转曝光，扫描床同步匀速运动，检测器同时采集数据，形成不间断螺旋扫描轨迹和三维数据采集。

这种模式也叫容积扫描，具有二大优势：第一是快，即扫描速度快，是断层扫描的十倍，减轻患者检查时间和辐射剂量；第二是容积数据，可以在工作站上进行图像后期处理。还可以进行三维重建，立体地观察病变。容积采样在一次屏息中获得连续数据，不会出现常规的断层一致性和间断偏差。

简单说，CT 机由三大部分组成：机械系统（总成）、控制系统和成像系统。机械系统实现机械运动功能，控制系统负责运动指令和安全保护系统，成像系统负责射线和图像计算、显示处理。

机械系统（总成）实现所有动作，保证不同速度的扫描运动和不同角度倾斜，扫描床的升降和匀速的水平运动。它是各种扫描功能、数据采集实现的平台和控制终端。它的状态和精度直接影响成像质量，因此是 CT 功能实现的基础。

2）磁共振成像（MRI）技术。MRI 也就是磁共振成像，英文全称是：Magnetic Resonance Imaging。在这项技术诞生之初曾被称为核磁共振成像，到了 20 世纪 80 年代初，作为医学新技术的 NMR 成像（NMR imaging）一词越来越为公众所熟悉。随着大磁体的安装，有人开始担心字母“N”可能会对磁共振成像的发展产生负面影响。另外，“nuclear”一词还容易使医院工作人员对磁共振室产生另一个核医学科的联想。因此，为了突出这一检查技术不产生电离辐射的优点，同时与使用放射性元素的核医学相区别，放射学家和设备制造商均同意把“核磁共振成像术”简称为“磁共振成像（MRI）”。

核磁共振是一种物理现象，作为一种分析手段广泛应用于物理、化学生物等领域，到 1973 年才将它用于医学临床检测。为了避免与核医学中放射成像混淆，把它称为核磁共振成像术（MR）。MR 是一种生物磁自旋成像技术，它是利用原子核自旋运动的特点，在外加磁场内，经射频脉冲激后产生信号，用探测器检测并输入计算机，经过计算机处理转换后在屏幕上显示图像。

（2）产品特点。作为大型数字医疗产品，市场敏感度很高。同时，临床验证、市场准入和出口许可证审核都需要大量时间和准备工作，周期很长。为保证产品市场竞争力和市场需求，这就要求供应商配合做到“四快”：设计出品快，工艺验证快，批量生产快，产品优化快。

对于供应商来说，就不是简单的生产制造，而是积极参与设计，精心安排工艺，快速组织试制，及时反馈信息，定型后迅速形成量产。经过近 13 年的磨合，M 已形成一个由经验丰富的工程技术、生产管理、质量控制人员等组成的高效团队。能够在设计和评审阶段参与其中，紧急时边设计、边试制、边改进，没有高效的团队和灵活的机制是很难胜任的。

长期的磨合，M 工程师非常清楚哪类产品的关键件、关键尺寸和关键控制点在哪，快速与客户沟通改进，快速安排最佳工艺，保证设计功能实现，并做到最佳性价比。

（3）工艺要求。长期合作与大量培训实践，M 工程技术人员已熟练掌握医疗产品专业要求，包括 ROUS 等出口环保要求，各种复杂的载荷标准、安装检测标准、标识记录等。严格按照质量体系程序执行，对待不同等级质量要求和 ECU 等变更文件，根据功能和优化等不同原因，及时调整图纸等技术文件，跟踪在制零件，涉及功能原因及时停产封存，涉及优化及时清点存量和在制品，确定更新节点。

当客户提出功能需求时，公司实行主管工程师项目经理制，由技术部安排工程师成立项目组，负责从客户沟通、产品设计、工艺设计、车间试制、质量验收到量产全过程管理。保证了不同客户、不同产品都能得到针对性服务。

（4）质量控制。由于医疗设备质量标准较高，因此公司形成一套结合医疗器械 ISO13485 质量体系，汽车行业 TS16949 质量体系和 ISO9001 质量体系的综合质量管理运行体系，以保证产品质量在严格控制下运行。在接到图之后，经过 PPAP 论证通过后，才能量产。

9.1.3　企业资金需求的产生

第一，市场潜力逐年增加。

近年来，随着国民经济的不断发展和国家对民生事业的高度重视，全民医疗体系的改善已被列入重点工作。农村医疗和社区医疗已成为实现全民医疗体系的重要环节和组成部分。医疗资源过于集中在中心城市和大型医院，百姓就医难一直困扰着国家和各级政府。中小城市和农村、社区医院的完善将是全民医疗实现的重要基础。而缺少包括 CT、X 线、磁共振等大型高端医疗设备则是中小城市医院、农村社区医院的主要瓶颈。目前中国已成为继美国外的全球第二大医疗设备消费市场，也将是重要出口的基地之一。

此外，CT、磁共振检查是早期诊断的重要手段，但我国长期以来依赖进口设备，CT、磁共振普及率每百万人仅 1.7 台，远低于发达国家每百万人 40 台的水平，而我国 87%的大型医疗设备集中在大中城市和大型医院，偏远地区尤为严重，以 CT 为例，北京比四川的百万人口占有量高 50 倍。因此，国家新医改和农村医疗、社区医疗的推行，中小城市、乡镇和中小医院将是发展的重点，而他们的普及率和人均占有量更是远远低于国内平均水平。因此，市场需求量将十分巨大。加快发展我国自主高端医疗器械产业，加快普及 CT、磁共振的应用，提高疾病的早期诊断率，刻不容缓。

因此，M 公司的订单量的增长使得他们意识到了产能不足对企业发展所产生的障碍，因此积极向政府寻求产业基地建设项目，计划扩建厂房，增加产能，这些需要大量的资金投入。M 公司利用留存利润再加上已有房产进行抵押而得到贷款再支持扩建，这使得用于生产运营的流动资金压力增大。

第二，原材料价格上涨。

M 公司是 K 医疗和 F 医疗的中国供应商，其生产的磁共振扫描床受到 K 和 F 公司的认可，其特点包括：

（1）在充分研究国外现有磁共振扫描床基础上，从无磁材料、升降结构、围框设计和直流推杆选型等方面进行多次论证和测试，最终确定方案。

（2）样件的结构设计，充分考虑到安装、重力和应力导致的变形、温度变化导致的变形等因素，选择最优结构设计方案。

（3）充分进行功能测试，按照国际标准指标，逐项测试验证。

（4）产品结构创新，三维运动模式。

之所以能够拥有上述优点，一方面得益于 M 公司扎实的技术基础；另一方面，对扫描床的选材要求精准，为保证质量，扫描床必须要用碳纤维材料高密度板材，价格昂贵，上游供货商较少，均采用现收现付制度进行结算，对流动资金要求较高。

第三，供应链运营模式中产生资金需求

在与下游客户结算方式方面，与 K、F 公司是通过账期结算。而与国内客户都以月结方式为主，不能避免有应收账款拖欠的情况。一般情况下，每个月初，通过 ERP 系统下单，通知这个月可能订货的大体数量，不确定价格。M 公司以此安排生产，提前三天出具出货通知单，告之具体数量。M 公司根据出货通知单按时出货，将产品运送到指定仓库（包括沈阳、苏州等地）。

这个过程中，流动资金需求主要体现在三个方面：（1）生产伊始，平均 30~45 天生产出产成品，K 集团验收合格开具收货单，M 公司提供发票，确认账期。这段时间内的生产需要流动资金的支持。（2）由于月初下订单只是根据预测而得出的大体订购数量，M 公司还需要尽可能多储备库存以保证供货的及时。这部分产成品占用了一部分流动资金。（3）为了保持生产和规避原材料价格上涨风险，M 公司还需要维持一部分原材料的库存，又是为了避免高密度碳纤维板材价格波动带来的损失，这部分库存可能更多，原材料库存也占用了一部分流动资金。

9.1.4 融资方案

（1）融资服务的选择。

首先，作为个人独资企业，M 公司及其法人代表名下的房地产可以用来抵押贷款。基础房产周边配套环境齐备，抵押率符合规定，抵押物有良好的变现能力。

其次，公司的原材料存货主要是高品质碳纤维板材，在市场上具有及时变现能力且易于长期保存，可以作为质押物进行融资。

再有，因为 M 公司申请了市发改委项目，经费仅可用于贴息。

最后，M 公司的应收账款主要来自 K 集团和 F 公司，大约占应收账款总额的 80%。其中，K 是一家面向全球提供 IT 解决方案与服务的公司，致力于通过创新的信息化技术来推动社会的发展与变革，为个人创造新的生活方式，为社会创造价值。公司创立于 1991 年，目前拥有 20000 名员工，在中国建立了 8 个区域总部，10 个软件研发基地，16 个软件开发与技术支持中心，在 60 多个城市建立营销与服务网络；在美国、日本、欧洲、中东、南美设有子公司。K 也是中国第一个上市的软件公司，也是最先通过 CMM5 和 CMMI（V1.2）5 级认证的中国软件公司。K 提供行业解决方案和产品工程解决方案以及相关软件产品、平台及服务。行业解决方案涵盖领域包括：电信、能源、金融、政府、制造业、商贸流通业、医疗卫生、教育与文化、交通、移动互联网、传媒、环保等。在汽车电子、智能终端、数字家庭产品、IT 产品等产品工程领域，K 嵌入式软件服务于众多全球知名品牌产品，同时，拥有自有品牌的医疗和网络安全产品。在服务领域，K 提供包括应用开发和维护、ERP 实施与咨询服务、专业测试及性能工程服务、软件全球化与本地化服务、IT 基础设施服务、业务流程外包（BPO）等。多年来，K 医疗的信誉在业界享有很高的声誉。

而 M 公司是 K 集团多年战略合作伙伴，拥有 ERP 对接，银行通过查看 M 应收账款发票和收货单对应收账款的确认，但是通过系统来确认金额可以大大降低信用违约风险。其实，一定程度上，M 公司并不希望自身的资金压力的事实影响其在 K 心目中的形象，其需要保持其优秀供应商的信誉度。

根据对 M 公司可抵押房产、可质押库存以及应收账款的分析，浦东发展银行 X 支行授予 M 公司共计 800 万元人民币的授信额度，期限均为 1 年，额度可循环使用，具体如下：

1）流动资金贷款额度不超过 800 万元，按基准利率上浮至 7%执行。

2）银行承兑汇票敞口额度不超过 800 万元，保证金比例不低于 50%。

3）商业贴现，可贴现额度不超过 800 万元，可免保证金。

4）有追索权国内保理敞口不超过 800 万元，保理付款方限定为 K 集团，比例不超过应收账款的 80%，利率按基准利率上浮 30%执行。

相关库存质押由委托监管公司监管，并追加法人代表个人连带责任保证担保。

（2）应收账款保理融资。

P 银行沈阳支行的授信额度中，有另外 800 万元敞口是有追索权的国内保理，保理付款方限定为 K 集团，预付比例为应收账款的 80%。虽然 K 集团应收账款账期为 2 个月，但考虑到偶有拖欠，保理方案中限定的还款期限为 6 个月。例如：M 公司按照 200 万的应收账款发票和收货单向银行提出应收账款保理，银行提供160万元贷款，2个月后K集团200万元应收账款到期，而M公司可以在4个月后偿还银行贷款，利率按基准利率上浮30%，很大程度上缓解资金流压力。

M公司所申请的这种有追索权的国内保理业务就明保理和暗保理之间，为了维持M公司的优秀供应商形象，进行保理的应收账款并没有得到K集团的书面承诺回购确认，但是可以通过其与K之间的应收账款发票确定每笔应收账款的金额，间接地让银行知道应收账款的金额。因此，这种对账单系统降低了暗保理的风险。

此外，由于K集团没有对应收账款进行确认，按照收货单（收货单上签收人签字）+发票确定。为了控制还款来源，在应收账款到期后，银行的信贷员要与M公司的财务人员一起到K集团领取发票。在M使用应收账款的两年中，平均每月的保理项下回款有一到两次，每次都是浦发银行X支行信贷员与企业一起去取回承兑汇票。这样做有效降低了风险，但是相应增加了成本，且手续烦琐。

通过第3章的研究可知，供应链金融若只拥有单一资金提供者（即1家银行），往往满足不了企业的融资需求。从企业角度考虑500万融资额度不够用，需要再于其他融资机构联系以保证“供血充足”。对于M十多年的信誉积累，很多企业愿意与其长期合作。此外，由于M公司董事长个人信用优秀，东亚银行对其给予500万元的个人信誉贷款，进而，满足了企业的流动资金融资需求。

由此可知，只要积累长期信誉，哪怕企业不希望找需求方提供回款证明，流动资金贷款的保理业务仍有很大潜力有待挖掘。

9.2 案例启示

9.2.1 银行风险防控注意事项

上述控制回款措施可降低一部分风险，但是一旦融资企业与核心企业就品质或交货期延误等发生纠纷时，都有可能造成对核心企业的应收账款无法按期或足额收回的风险，这样在保理到期时，银行有权要求融资企业回购该笔应收账款。

因此，在有追索权的保理项下，对融资企业的贷前调查非常重要。在贷前调查中，除了评估卖方客户的自信状况和清偿能力外，更重要的是考察卖方客户对行业的熟悉程度，调查买卖双发的交易记录，考察双方客户的履约情况、付款意愿和争议的发生频率等，还要关注交货后是否需要承担安装调试和质量保证责任。除了对企业的考察外，还应该对应收账款进行审核，确认应收账款是否权属清楚、没有争议，不受抵销权、质押权、留置权、求偿权的影响。另外，还要看一看是否发生关联交易，销售商和融资企业在合同中是否未约定应收账款不得转让条款等。

此外，银行还应该对企业进行实地考察，发现客户在经营管理等方面的变化，并对可能造成的不理影响做出判断。例如，销售方式、企业管理层、财务人员或者采购人员的变动都有可能影响应收账款的清偿。

9.2.2　国内开展应收账款保理业务的思考

国内开展应收账款的保理业务可以追溯到计划经济时代的买方信贷业务，当时的买方信贷业务主要针对那些付款方是电信等垄断企业的应收账款进行保理，回款期限比较长，很多都在一年以上。但是，由于当时企业的信用程度不高、三角债现象严重等原因，这种业务并没有得到大范围推广。

随着企业运营越来越规范，优质企业逐渐成长为供应链中的核心企业，其信誉度越来越高，应收账款拖欠现象明显好转。同时，随着股权融资模式的推广，以及互联网金融的兴起，银行正在逐渐被边缘化，信贷业务的需求不断减少，因此，像应收账款保理这种贸易融资模式开始重新活跃在银行业务的舞台上。

目前，国内银行开展应收账款保理业务主要有以下几个特点：

第一，应收账款保理业务以有追索权的为主。有追索权的保理业务中，当融资企业与核心企业产生贸易纠纷或因清偿能力不足而拒绝支付货款时，银行有权要求卖方即融资企业回购应收账款，避免保理融资逾期的风险。尽管很多国内银行都推出了无追索权的保理业务，但是在具体业务操作中，出于控制风险的考虑，常常会优先推荐有追索权的保理业务。

第二，在进行应收账款保理时，通常需要融资企业提供担保。国内银行在办理一些保理业务时，原则上要求卖方企业提供抵押或担保。这与前面所提到的有追索权的保理形式是分不开的，正是由于银行将还款的最终责任压在了融资企业而不是核心企业身上，使得银行只能按照传统的信贷风险管理方法来控制逾期风险。

第三，应收账款保理业务以暗保理为主。目前开展的该项业务一般很难得到融资企业下游企业的合作，因为他们认为供应商的融资与自己无关，并且把应收账款转让给银行在还款方面会有很多限制，而商业信用在还款期限方面更加灵活。但是，暗保理的风险比较高，所以在执行的时候，银行也有几方面的变通：一是在请核心企业确认应收账款时，如核心企业不配合，可采用 EMS 回执确认的方式完成应收账款转让通知；二是将贸易合同上的收款账号设定为融资企业在授信银行的账号，以控制资金的回流。

上述三个特点都使得传统的源自卖方的应收账款保理业务更像是一种短期信用借款，其根本原因是在开展该项业务时，银行总是从其融资企业即卖方角度出发，而没有从买方角度出发。这就使得银行常常无法全面了解买方的资信状况，宁可把最终的还款责任交给卖方，而不指望不熟悉的买方。因此，在银行对融资企业的还款能力有信心的前提下，银行会淡化对买方资信的调查，而选择传统短期信用贷款的风险控制方式进行管理。这种方式使得保理业务与短期流动资金贷款的要求相当，甚至更为严格，在一定程度上挫伤了企业开展保理业务的积极性。

要改变这种现状，就应该将供应链的概念真正引入保理业务当中，即从供应链的核心企业出发，成片开发，为其供应商提供保理融资。这对核心企业来说也是很有益处的，因为供应商可以利用核心企业较高的信用评级获得低成本的融资，必将会吸引更多优秀的供应商为核心企业供货，巩固核心企业在供应链中的地位。

从银行角度讲，从核心企业出发，为其大部分供应商提供保理服务，这样还可以分散风险，只要核心企业运营正常，控制应收账款的预付比例，即使个别供应商出现问题，一般也不会遭受损失。这样，核心企业也会配合应收账款的确认，授信风险评判的重心就是从中小微企业转移到信用良好的核心企业。同时，由于不需要中小企业提供额外的抵押或担保，而且银行业相应简化了手续，弱化了财务要求，因而必将提高核心企业和中小微型供应商续做保理的积极性。

10 结　　论

10.1 主要工作

（1）构建了使信用参与多方共赢的博弈模型，在多渠道融资模式下，兼顾信用管理的公平与效率及收益与风险，以信用参与相关各方共赢为目标，弥补了现有研究主要以贷款方的信用风险管理为决策依据的不足。兼具债务人和股东双重身份的投资机构，其决策行为会极大地影响企业和银行的信用决策：一方面对企业的经营管理起到监督作用，另一方面其自身参与收益的分配，是信用系统不可或缺的重要部分。

（2）构建了辽宁省信用经济综合评价指标体系。从区域经济发展水平、政府信用发展水平、商业信用发展水平、媒体传媒信用影响水平、个人信用发展水平和科教服务信用影响水平等6个方面入手，筛选GDP、人均GDP、政府专门信用管理机构数量，地方政府债务余额等36个指标构建了辽宁省信用经济综合评价指标体系。并通过构建信用经济综合评价方法体系：一是构建了打分方法体系，通过对指标数据进行标准化，消除指标量纲的影响；二是构架了指标赋权方法体系，通过层次分析法（AHP）、熵权法、标准离差法等赋权方法对指标进行单一赋权，然后通过循环修正的思路确定组合权重，建立指标赋权方法体系；三是构建了影响因素分析方法体系，通过指标权重大小确定影响辽宁省信用经济综合发展的主要因素。

（3）对辽宁省2009~2013年的信用经济综合发展水平进行了实证研究。根据评价指标的权重大小确定了影响辽宁省信用经济综合发展的主要影响指标，并根据评价结果进行了对策分析。根据上述结果对辽宁省制造业典型企业供应链融资信用评价体系进行实证研究与分析。

（4）将通过模型和实证分析得到的结论，运用到M公司融资实例中，给出企业融资难的解决方案。

10.2 主要结论

（1）实现和谐共赢的供应链融资体系降低道德风险和逆向选择的关键在于引入第三方外部投资者，进而化解银行与企业之间的矛盾，使信用违约风险呈现多方共担的均衡局面。

（2）研究结果表明：辽宁省2009~2013年信用经济综合评价水平总体稳步上升。

研究结果表明：影响辽宁省信用经济综合发展的主要指标有：政府专门信用管理机构数量，GDP，人均GDP，人均GDP增长速度，地方政府债务余额，行政支出占财政支出比例，获得“守信用”称号企业数量占区域企业比例，地区广播对中央方针政策报到时间占比，农村居民家庭纯收入，城市居民可支配收入，信用课程占大学课程比率，群众对新闻媒体投诉总数，应付股利，工商部门受理的投诉案件占比，行政复议案件占法律诉讼代理比例等15个指标。

（3）通过对辽宁省制造业典型供应链融资企业的信用评价发现，供应链中核心企业信用对整个供应链具有正面增益作用。

10.3 主要特色

（1）在多渠道融资模式下，兼顾信用管理的公平与效率及收益与风险，以信用相关各方共赢为目标，构建了使信用参与相关各方共赢的博弈模型，弥补了现有研究主要以贷款方的信用风险管理为决策依据的不足。

多渠道融资模式下信用风险管理问题备受关注，以往的信用风险管理研究主要以银行为视角，企业仅具债务人身份，通常被动地执行银行的信用决策；本书扩展了这一视角，考虑银行、企业、非银行投资机构三方在信用博弈中的关系。兼具债务人和股东双重身份的投资机构，其决策行为会极大地影响企业和银行的信用决策：一方面对企业的经营管理起到监督作用，另一方面其自身参与收益的分配，是信用系统不可或缺的重要部分。

（2）通过GDP，人均GDP，人均GDP增长速度，地方政府债务余额，行政支出占财政支出比例，应付股利，恩格尔系数等指标构建了反映科学发展观的辽宁省信用经济评价指标体系。以国际权威机构典型观点的高频指标为基础建立指标体系，保证了评价指标体系的权威性和可比性，通过筛选GDP，人均GDP，农村居民家庭纯收入，城市居民可支配收入，恩格尔系数等指标等指标反映了全面、协调、可持续的发展观。

（3）通过隶属度打分法对评价指标进行打分，然后利用多种综合评价结果进行循环修正确定了评价方法体系。根据指标类型确定相应的指标打分方法，避免了指标类型对评价结果的影响。对通过一致性检验的多种评价结果进行循环修正，得到合理的评价结果，解决不同方法的评价结果相互矛盾的问题，提高评价的正确性和合理性。在实证研究过程中，对辽宁省信用综合发展评价体系进行实证分析，并给出时序变化形态。

（4）依托供应链融资业务，系统考量供应链非核心企业、核心企业、银行三方的目标和约束，构建有效地信用协调机制，增强抵御风险能力，实现共赢意义重大。

供应链体系演化规律及其正负面效应地系统性研究尚处于初步探索阶段；而

有利于辽宁省区域发展特点的制造业供应链信用风险量化指标体系如果能有效理顺，将从数量分析研究方面发挥更重要的作用。辽宁省企业集群式竞争态势渐强，类似于生物种群竞争关系。竞争加剧资源的争夺，一方面，迫使核心企业与上下游企业间共生发展；另一方面，放大了信用违约暴露，供应链节点更为脆弱，为竞争格局变化带来突破口，这种认识亦渐受关注。基于 AHP 的供应链金融核心企业信用风险综合评价将上述研究综合起来，形成突破口。进而，对辽宁省制造业典型企业供应链信用体系进行实证研究。

10.4　研究展望

由于能力及时间所限，本书中研究模型及方法，相关实证等方面还存在许多局限，仍有很多问题亟待深入探究，这也是作者未来的研究方向，特别是在人工智能及区块链等技术日益发展的时代。

（1）本书虽在多渠道融资模式下，构建了使信用参与相关各方共赢的博弈模型，并考虑了第三方投资机构的参与，但在现实中参与方会更多，打破三方的前提假设，博弈均衡模型及均衡解将发生变化，影响因素也发生变化。在很多情况下，信贷资金的有限性使得竞争更凸显，例如：企业（特别是中小企业）贷款难现象。竞争程度取决于同类竞争主体的数量和彼此间的相关程度，例如：同行业、同地区、同项目的企业数量越多、竞争程度越大，对信贷资源的争夺也越激烈，从而对个体的影响越严重。此外，信贷市场的自然淘汰原则，往往会加大逆向选择，聚集更大的系统风险。而过多借款会加大某些借款人的还款压力，“撑死”部分企业。因此，在资金供应方和需求方都存在较大竞争的情况下，供应链金融信贷博弈模型仍是值得研究的方向。

（2）供应链金融不同模式和类型下的信用评价方法和指标体系的构建应该有所区别，例如：企业对银行的还款方式是采用息票加本金的还款方式，而对于投资机构是按融资比例与企业分担利润，随时间变化的特征不明显。实际上，企业为某一项目进行融资的过程中，其资金流并非是静态平稳的过程，通常情况下，前期资金会更紧张，而随着项目的逐步推进逐渐稳定。因此，企业的还款压力主要来自投资前期或其他时段，因此，相应地产生偿债风险亦不同，据此，评价指标体系也应该有所变化。在此意义下的研究，将更贴近实际。

（3）行业与区域间供应链金融信贷博弈模型和信用评价方法也应有所区别。本书并未按照行业、区域来寻找影响违约概率的风险因素。而随着区域产业结构的逐步调整，产业政策和信贷决策如何共赢协调配合将是非常重要的研究课题。通过对行业融资能力、行业风险因素、行业竞争能力、行业价值链等评价指标的构建，进而得出信贷各方共赢的有效策略集，一方面，要求信贷资金投放方向的转变；另一方面，各行业的资金配置如何兼顾多重风险情景和政策，信用评价指标体系的设立等是信贷决策的关键因素，值得深入研究。

参考文献

[1] 王姝．银企关系模式的选择［D］．北京：对外经济贸易大学，2001.

[2] 刘涛，欧阳令南．商业银行行为分析［J］．当代财经，2003（8）：42-46.

[3] 蔡如海，冯玥．从制度经济学视角看银企关系的重要性［J］．河南金融管理干部学院学报，2005（2）：87-90.

[4] 生蕾．银企关系新思考［J］．河南金融管理干部学院学报，2006（5）：67-69.

[5] 秦学志，迟国泰．多准则多目标信贷策略的动态规划方法［J］．中国管理科学，2000，8（专辑）：18-24.

[6] 秦学志．金融工程原理与应用研究［M］．大连：大连理工大学出版社，2005.

[7] 黎荣舟，庞素琳，徐建闽，等．不对称信息条件下抵押品的信号作用分析［J］．系统工程理论与实践，2003（2）：35-39.

[8] 庞素琳，黎荣舟．规避道德风险的信贷风险决策合同模型分析［J］．系统工程理论与实践，2005（6）：114-120.

[9] 彭辉．对国有商业银行债权保护不足的信贷博弈分析［J］．金融理论与实践，2007（5）：46-49.

[10] 周小川．人民银行的金融生态建设［EB/OL］．中国人民银行官方网站金融生态课题专栏．http：//www. pbc. gov. cn/jinrongshengtai/.

[11] 袁纯清．金融共生理论与城市商业银行改革［M］．北京：商务印书馆，2002.

[12] 吴碧勇．对“银企共生”若干问题的思考［J］．广西金融研究，2002（10）：36-37.

[13] 徐联初．对和谐金融的几点思考［J］．中国金融，2005（10）：18-20.

[14] 邹勇．双赢银企关系的建立与完善［J］．现代金融，2006（11）：33.

[15] 周海．关于构建和谐银企信用关系的思考［J］．黑龙江金融，2009（8）：17-18.

[16] 王玥，秦学志．双重违约模式下信贷共赢策略集研究［J］．运筹与管理，2008，17（6）：127-133.

[17] 于丽英，冯之浚．城市循环经济评价指标体系的设计［J］．中国软科学，2005（12）：44-53.

[18] 郑少露，吴仁海，阮文刚．基于低碳循环经济的规划环评指标体系的探讨［J］．环境科学与技术，2010，33（6）：199-204.

[19] 吴开亚．巢湖流域农业循环经济发展的综合评价［J］．中国人口资源与环境，2008，18（1）：94-98.

[20] 林钧跃，吴晶妹．城市信用体系设计［M］．北京：中国方正出版社，2007.

[21] 迟国泰，李刚，程砚秋．基于AHP-标准离差的人的全面发展评价模型及其实证研究［J］．管理学报，2010，7（2）：301-310.

[22] 张悦玫，迟国泰，许龙安．基于熵权法的人的全面发展评价模型及“十五”期间的实证［J］．管理学报，2008（8）：1047-1055.

[23] 栾金昶，翁继林，迟国泰．基于熵AHP的经济发展评价［J］．统计与决策，2009（19）：70-72.

[24] 迟国泰，祝志川，张玉玲．基于熵权-G1法的科技评价模型及实证研究［J］．科学学

研究，2008（6）：1210-1220.

[25] 李刚．基于科学发展观的人的全面发展评价模型及实证研究［D］．大连：大连理工大学，2010.

[26] Bajaj M，Chan Y，Dasgupta S. The relationship between ownership，financing decisions and firm performance：A signaling model［J］. International Economic Review，1998，39：723-744.

[27] Andersen T B，Malchow-Møller N. Strategic interaction in undeveloped credit markets［J］. Journal of Development Economics，2006，80：275-298.

[28] Mahantia S，Nashikkarc A，Subrahmanyamc M，et al. Latent liquidity：A new measure of liquidity，with an application to corporate bonds［J］. Journal of Financial Economics，2008，88：272-298.

[29] 章政，田侃．中国信用发展报告（2012-2013）［M］．北京：社会科学文献出版社，2013.

[30] 郭亚军．综合评价理论、方法及应用［M］．北京：科学出版社，2008.

[31] 王昆，宋海洲．三种客观权重赋权法的比较分析［J］．技术经济与管理研究，2003（6）：48-49.

[32] 刘艳春．一种循环修正的组合评价方法［J］．数学的实践与认识，2007，37（4）：88-94.

[33] 范柏乃，龙海波．我国地方政府失信形成机理与惩罚机制研究［J］．浙江大学学报，2010（3）：164-173.

[34] 陈建中．社会信用管理体系建设构想［M］．北京：中国经济出版社，2009.

[35] 毛维道．中国社会信用体系中信用结构和信用链研究［M］．上海：上海三联出版社，2011.

[36] 易雪辉，周宗放．基于供应链金融的银行贷款价值比较研究［J］．中国管理科学，2012，20（1）：102-108.

[37] 张志勇，庄新田，高明春，等．钢铁企业供应链融资平台的全流程营销效果［J］．东北大学学报（自然科学版），2012，33（4）：588-591.

[38] 何娟，蒋祥林，朱道立，等．考虑收益率自相关特征的存货质押动态质押率设定［J］．管理科学，2012，25（3）：91-103.

[39] 王文利，骆建文，张钦红．银行风险控制下的供应链订单融资策略研究［J］．中国管理科学，2013，21（3）：91-98.

[40] 王文利，骆建文．交易信用与资金约束下两阶段零售商订货策略［J］．系统工程理论与实践，2014，34（2）：304-312.

[41] 王文利，骆建文．零售商提前支付与贷款担保下的供应商融资策略［J］．管理工程学报，2013，27（1）：178-184.

[42] 李延喜，迟国泰．贷款风险管理中的道德风险的防范模型［J］．中国管理科学，1999，7（1）：21-24.

[43] 程鹏，吴冲锋，李为冰．信贷风险控制中的显性与隐性激励机制分析［J］．上海交通大学学报，2001，20（1）：58-60.

[44] 庞素琳，黎荣舟，刘永清，等．基于信息不对称的银行信贷风险决策机制及分析（Ⅰ）—信贷风险决策模型［J］．系统工程理论与实践，2001（4）：80-83.

[45] 庞素琳，刘永清，徐建闽，等．基于信息不对称的银行信贷风险决策机制及分析（Ⅱ）—信贷风险决策机制［J］．系统工程理论与实践，2001（5）：82-87.

[46] 黎荣舟，庞素琳，徐建闽，等．不对称信息条件下抵押品的信号作用分析［J］．系统工程理论与实践，2003（2）：35-39.

[47] 庞素琳，黎荣舟．规避道德风险的信贷风险决策合同模型分析［J］．系统工程理论与实践，2005（6）：114-120.

[48] 田银华，何建明，曹家瑛．银企信贷重复博弈的模型分析［J］．系统工程，2005，23（11）：82-84.

[49] 彭辉．对国有商业银行债权保护不足的信贷博弈分析［J］．金融理论与实践，2007（5）：46-49.

[50] Altman E I. Financial ratios, discriminant analysis and the prediction of corporate bankruptcy [J]. Journal of Finance, 1968 (9): 189-209.

[51] Altman E I, Haldeman R, Narayanan P. ZETA analysis: A new model to identify bankruptcy risk of corporations [J]. Journal of Banking and Finance, 1977, 6 (1): 29-54.

[52] Merton R. The theoyr of rational option pricing [J]. The Bell Journal of Economics and Management, 1973, 4 (1): 141-183.

[53] Merton R. On the pricing of corporate debt: The risk sturcutre of interestrates [J]. Journal of Finance, 1974, 29: 449-470.

[54] Prokopczuk M, Rachev S T, Schindlmayr G, Trück S. Quantifying risk in the electricity business: A RAROC-based approach [J]. Energy Economics, 2007, 29 (5): 1033-1049.

[55] 迪米特里 N 克拉法（Chorafas D N）．信用衍生产品和风险管理——含信用风险模型［M］．綦相，译．北京：机械工业出版社，2002：229-266.

[56] Morgan J P. RiskMetrics™ - - Technical Document [EB/OL]. 1996 - 12 - 17: http://www.doc88.com/p-9932189647844.html.

[57] Gupton G, Finger C, Bhatia M. Credit Metrics: The benchmark for understanding credit risk [R]. J. P. Morgan Inc., Technical Document, 1997.

[58] Credit Suisse Financial Products. Credit Risk+: A Credit Risk Management Framework [R]. CSFP, 1997.

[59] Credit Suisse First Boston. Creditrisk+: A Credit Risk Management Framework [EB/OL]. https://www.docin.com/p-304878253.html.

[60] Mckinsey & Co. Credit portfolio view-a credit portfolio risk measurement and management approach [R]. Approach Document, 1998.

[61] Wilson T C. Portfolio Credit Risk [J]. Part I and Ⅱ, Risk. 1997 (a) (b), 10: 56-61, 111-117.

[62] Wilson T C. Portfolio credit risk [J]. FRBNY Economic Policy Review, 1998, 4 (3): 71-82.

[63] Altman E I, Saunders A. Credit risk measurement: Developments over the last twenty years [J]. Journal of Banking and Finance, 1997 (12): 1721-1742.

[64] Altman E I, Suggitt H J. Default rates in the syndicated loan market-a mortality analysis [J]. Journal of Banking and Finance, 2000, 24 (1-2): 229-253.

[65] Black F, Scholes M. The pricing of options and corporate libailities [J] . Jounral of Political Economy, 1973, 81: 637-654.

[66] Black F, Cox J C. Valuing corporate securities: Some effects of bond indenture provisions [J]. Journal of Finance, 1976, 31 (2): 351-367.

[67] Leland H E. Risky debt, bond covenants and optimal capital structure [J] . Journal of Finance, 1994, 49: 1213-1252.

[68] Leland H E, Toft K B. Optimal capital structure, endogenous bankruptcy and the term structure of credit spreads [J] . Journal of Finance, 1996, 50: 789-819.

[69] David C Shimko, Naohiko Tejima, Donald R Van Deventer. The pricing of risky debt when interest rates are stochastic [J] . The Journal of Fixed Income, 1993, 3 (2): 58-65.

[70] Longstaff F, Schwartz E. A simple approach to valuing risky fixed and floating rate debt [J]. Journal of Finance, 1995, 50: 789-819.

[71] Eric Briys, Francois de Varenne. Valuing risky fixed rate debt: an extension [J] . Jounral of Financial and Quantitative Analysis, 1997, 31 (2): 239-248.

[72] Zhou C. An analysis of default correlations and multiple defaults [J] . Review of Financial Studies, 2001, 14 (2): 555-576.

[73] Heath D, Jarrow R, Morton A. Bond pricing and the term structure of interest rates: A new methodology for contingent claims valuation [J] . Econometrica, 1992, 60 (1): 77-105.

[74] Jarrow R A, Turnbull S M. The Pricing and hedging of options on financial securities subject to credit risk [J] . Journal of Finance, 1995, 50 (1): 53-85.

[75] Jarrow R, Lando D, Turnbull S. A markov model for the term structure of credit risk spreads [J] . Review of Financial Studies, 1997 (10): 481-523.

[76] Lando D. On cox processes and credit risky securities [J] . The Review of Derivatives Research, 1998 (2): 99-120.

[77] Cathcart L, El-Jahel L. Valuation of defaultable bonds [J] . The Journal of Fixed Income, 1998, 8 (1): 65-78.

[78] Duffie D, Singleton K. Modeling term structures of default risky bonds [J] . Review of Financial Sutdies, 1999 (12): 687-720.

[79] Duffie D, Pan J, Singleton K. Transform analysis and asset pricing for affine jump-diffusions [J] . Econometrica, 2000, 68: 1343-1376.

[80] Duffie D, Gârleanu N. Risk and valuation of collateralized debt obligations [J] . Financial Analysts Journal, 2001, 57 (1): 41-59.

[81] Duffie J D, Lando D. Term structure of credit spreads with incomplete accounting information [J] . Econometrica, 2001, 69: 633-664.